竞技武术套路动作库

刀术

国家体育总局武术运动管理中心 审定

人民体育出版社

图书在版编目（CIP）数据

刀术 / 国家体育总局武术运动管理中心审定. -- 北京：人民体育出版社, 2023
（竞技武术套路动作库）
ISBN 978-7-5009-6334-9

Ⅰ. ①刀… Ⅱ. ①国… Ⅲ. ①刀术(武术)—套路(武术) Ⅳ. ①G852.221.9

中国国家版本馆CIP数据核字(2023)第121141号

*

人民体育出版社出版发行
北京新华印刷有限公司印刷
新 华 书 店 经 销

*

710×1000 16开本 11.5印张 144千字
2023年9月第1版 2023年9月第1次印刷
印数：1—3,000册

*

ISBN 978-7-5009-6334-9
定价：46.00元

社址：北京市东城区体育馆路8号（天坛公园东门）
电话：67151482（发行部） 邮编：100061
传真：67151483 邮购：67118491
网址：www.psphpress.com

编 委 会

主　　任　陈恩堂

副 主 任　徐翔鸿　杨战旗　陈　冲

总 主 编　陈恩堂

副总主编　樊　义　李英奎

主编

王晓娜（长拳）
范燕美　冯静坤（剑术）
解乒乒　张继东（枪术）
魏丹彤（南刀）
李　强　周　斌（太极拳）
王　怡　刘海波（刀术）
崔景辉　于宏举（棍术）
李朝旭　黄建刚（南拳）
黄建刚　李朝旭（南棍）
吴雅楠　吕福祥（太极剑）

动作示范（以姓氏笔画为序）

王子文　巨文馨　吕泰东　刘忠鑫　汤　露
孙培原　杜洪杰　李剑鸣　杨顺洪　张雅玲
张　黎　陈洲理　查苏生　姚　洋　常志昭
梁永达　童　心

为武术更加灿烂的明天

——总结经典 传承经典 创造经典

陈恩堂

竞技武术套路动作库从立项到推出，历时3年有余，历经艰辛探究，今日终于得以付梓，令人欣喜万分。我谨代表国家体育总局武术运动管理中心、武术研究院、中国武术协会，对竞技武术套路动作库出版成书表示热烈的祝贺！

中华武术源远流长，博大精深，是中华民族优秀传统文化的瑰宝。古往今来，在武术发展的历史长河中，产生了许多独具特色的拳种流派，涌现了许多身怀绝技的武林高手，流传着许多让人津津乐道的传奇故事。历代的武术先辈们给我们留下了丰厚的武术遗产。作为新时代的武术人，把这份丰厚的武术遗产继承好、发展好，是我们义不容辞的责任。

把武术先辈们留下的丰厚武术遗产继承好、发展好，首先就是要对其进行系统地总结，在总结的基础上加以传承，在传承的过程中进行创新。竞技武术套路动作库，正是遵循这样的思路，总结经典，传承经典，创造经典。

——总结经典。竞技武术套路动作库，当前共收录具有源流和传统名称的武术经典动作1941式，分为长拳、刀术、棍术、剑术、枪术、南拳、南刀、南棍、太极拳、太极剑共10个子库，如字典汇编，毫分缕析，系统总结了长拳、南拳、太极拳三大拳种的经典动作，规范了技术方法，确定了技术标准，突出武术技击本质，展示武术攻防内涵。每一个经典动作都有源流出处，都具有传统名称，不仅符合人民群众对武术古往今来的认知，更是彰显了中华传统文化符号的经典魅力，充分体现了中华文化自信。

——传承经典。竞技武术套路动作库，通过总结经典，实现武术经典动作的标准化和规范化，本身就是对武术历史经典的传承。这些标准化、规范化的经典动作，既可供武术专业运动员在比赛中选用，让运动员的整套动作演练更具可比性，更加符合现代奥林匹克运动的特征，同时，也适合广大武术爱好者尤其是青少年朋友学习掌握，将专业和业余打通，普及和提高一体。通过竞技武术套路动作库，每一个武术习练者、爱好者都会成为武术经典的传承者，武术文化的传播者。

——创造经典。竞技武术套路动作库，不仅是在总结经典、传承经典，也在创造经典。人民群众有无限的创造力。人民群众在历史上创造了武术的经典，今后也必将继续创造武术新的经典。当前收录的1941个武术经典动作只是动作库的首期工程，今后每年都会更新，进行动态调整。创新动作经过中国武术协会审定通过后，将会成为竞技武术套路动作库的一部分，这充分体现了对中华优秀传统文化的创造性转化、创新性发展。

竞技武术套路动作库的推出，是武术运动科学化、标准化的又一重要标志，是武术运动发展史上具有里程碑意义的大事，凝结了全体武术人的智慧和汗水。在此，我谨以国家体育总局武术运动管理中心、武术研究院、中国武术协会的名义，向所有为竞技武术套路动作库付出不懈努力的武术前辈、专家、运动员、教练员、裁判员和工作人员们表示衷心的感谢！向所有关心支持武术事业改革发展的各界人士表示衷心的感谢！

国运兴则体育兴，国运兴则武术兴。在中华民族伟大复兴的新征程上，作为中华民族传统体育项目和优秀传统文化的代表，武术必将在体育强国、文化强国和健康中国建设中发挥着独特作用。竞技武术套路动作库，是武术发展的新的起点，为武术在更高水平的传承和繁荣开辟了新的道路，为武术进一步现代化、国际化奠定了重要基础，为武术走向奥林匹克大舞台迈出了坚实步伐。我们相信，以此作为新的起点，通过全体武术人的团结奋斗，武术的魅力将更加显现，武术的未来将更加美好！

2023年7月1日

（作者为国家体育总局武术运动管理中心主任、党委书记，国家体育总局武术研究院院长，中国武术协会主席）

CONTENTS / 目录

6 刀法 / 119

1 步型

1.1 弓步

弓步001
传统术语：穿肠刀。
现代术语：跳步弓步上穿刀。
源流：少林拳竞赛套路（刀术）第一段第四式。
技法：穿。

动作过程：（1）左脚蹬地，右腿、左腿依次收膝腾空前跃；同时，右手持刀自然后带；左掌向前推；目视左掌。

（2）上动不停，双脚先右后左依次落地成左弓步；同时，右手持刀由下向上45° 穿出，刀尖高与眼平；左掌附于右腕内侧，掌心向下；目视刀尖。

动作要点：起跳轻灵；落步和穿刀同时完成，动作协调统一，穿刀动作弧线运行；力达刀尖。

弓步002

传统术语：老猿探山。

现代术语：弓步反手扎刀。

源流：少林拳竞赛套路（刀术）第一段第十式。

技法：扎。

动作过程：（1）右脚向前上步，身体向左转体180°；右手持刀手臂外旋，经身体右侧由下向前撩出，右手屈臂收于左腰间，刀刃斜向上；左掌按附右前臂处；目视右前方。

（2）上动不停，右脚向前上步成右弓步；同时，右手持刀向前扎出，刀刃向上，刀尖高与眼平；左掌置于右前臂处，掌心向右；目视刀刃方向。

动作要点：弓步蹬腿拧腰与扎刀同时完成；转体迅速；扎刀力达刀尖。

弓步003

传统术语：黑虎拦路。

现代术语：弓步推刀。

源流：少林拳竞赛套路（刀术）第一段第十三式。

技法：推。

动作过程：左脚向左开步成左弓步；同时，右手持刀，左手虎口张开按压于刀背，使刀刃经小腹向前推出，刀刃向前，刀尖向上，高与眼平；目视前方。

动作要点：弓步、推刀同时完成，动作协调一致；力达刀刃。

弓步004

传统术语：定心刀。

现代术语：弓步扎刀。

源流：少林拳竞赛套路（刀术）第二段第二十二式。

技法：扎。

动作过程：（1）左手贴身向右抡臂一周。随即，左脚蹬地，右腿屈膝提起，身体腾空左转180°；同时，右手持刀臂内旋，刀沿身体内侧做剪腕花一周，左掌按附于刀盘上方。

（2）上动不停，左脚、右脚依次落地屈膝蓄势；同时，右手持刀回拉至腹前，刀背贴于右上臂，刀尖向右；左掌置于右肩前，掌心向右；目视前方。

（3）上动不停，身体右转成右弓步；同时，右手持刀直臂前扎，刀尖与肩平；左掌变勾手向下、向后搂摆至体后侧；目视前方。

动作要点：弓步、扎刀同时完成；力达刀尖。

弓步005

传统术语：农夫劈柴。

现代术语：弓步劈刀。

源流：少林拳竞赛套路（刀术）第二段第二十四式。

技法：劈。

动作过程：左脚向后撤步，身体左转，左腿屈膝成左弓步；同时，双手抱刀、云刀，随转体由上至下45°斜劈刀，刀刃斜向下；目视刀身。

动作要点：转身快捷，劈刀迅猛；弓步、劈刀同时完成；力达刀刃。

弓步006

传统术语：麻姑献寿。

现代术语：弓步推刀（左）。

源流：少林拳竞赛套路（刀术）第二段第二十九式。

技法：挡、推。

动作过程：（1）右脚震步，左脚抬起向左开步；同时，右手持刀经左臂外侧向背后缠头；左掌立于胸前，向左斜上方推出，掌心向前。

（2）上动不停，上体顺势左转90° 成左弓步；同时，右手外旋，手心向上，向斜前方推刀，刀刃向前，刀尖向右，刀身与肩平；左掌回收附于右腕内侧，掌心向下；目视刀身。

动作要点：震脚有力；弓步、推刀同时完成；力达刀刃。

弓步007

传统术语：仙童献茶。

现代术语：弓步推刀（右）。

源流：少林拳竞赛套路（刀术）第二段第三十式。

技法：挡、推。

动作过程：（1）身体右转，右腿提膝随转体向右落步；同时，右手持刀，右臂塌腕内旋，刀尖向左由右肩外侧做裹脑；左臂随转体向外打开。

（2）上动不停，上体右转，左膝蹬直成右弓步；同时，右手持刀，左掌随附于右臂内侧，向右前方推出，刀刃向前，刀尖向左，刀与肩平；目视刀身。

动作要点：裹脑刀贴背绕行动作连贯；推刀有力，力达刀刃。

弓步008

传统术语：拦腰斩。

现代术语：弓步前斩刀。

源流：少林拳竞赛套路（刀术）第四段第四十九式。

技法：斩。

动作过程：（1）左腿提膝，向左开步；同时，右手持刀经左臂外侧缠头，刀尖向下，刀背贴背；左掌收于胸前，再向左斜上方推出，掌心向前。

（2）上动不停，上体左转，右腿蹬直成左弓步；同时，右手持刀向左前方平斩，刀尖向前，刀与肩平；左手架于头上方亮掌，掌心向上；目视前方。

动作要点：弓步与斩刀同时完成；刀与肩平；斩刀力达刀刃。

弓步009

传统术语：鲁班架棚。

现代术语：弓步架刀。

源流：少林拳竞赛套路（刀术）第四段第五十一式。

技法：架。

动作过程：（1）右手持刀，刀刃向外，刀尖指向左后方，左掌附于刀背。

（2）上动不停，身体右转180°；右手持刀向右下方扫出；左臂随转体自然展开。

（3）上动不停，身体再向右转180°；右腿屈膝，左脚上步靠于右脚内侧成并步；同时，右手持刀置于腹前，刀刃向前，刀尖向左，左掌虎口钳于刀背中段。

（4）上动不停，双脚前后蹬分成左弓步；同时，双手持刀向前上方推架，刀刃斜向上，刀尖向下；目视刀背。

动作要点：弓步、架刀同时完成，迅速有力，双手与肩同宽；力达刀刃。

弓步010

传统术语：白蛇吐芯。

现代术语：弓步扎刀。

源流：少林拳竞赛套路（刀术）第二段第二十七式。

技法：扎。

动作过程：（1）右腿屈膝全蹲，左脚向左前下方铲出成左仆步；同时，双手持刀置于右腰间，刀尖向左，刀刃向下；目视左前方。

（2）上动不停，重心前移，左腿屈膝成左弓步；同时，双手持刀向前扎出，高与肩平；目视刀尖方向。

动作要点：弓步、扎刀同时完成；弓步扎刀与肩平；力达刀尖。

弓步011

传统术语：战将摧营。

现代术语：弓步扎刀。

源流：少林披身刀第二十五式。

技法：扎。

动作过程：（1）左脚向前上步，身体左转，右腿提起，脚面绷直，脚尖向下；同时，左臂贴身抡臂一周，右手持刀，前臂外旋经身体右侧由下向前撩刀至胸前，随即屈肘，双手抱刀上托，刀刃向上，刀尖向前；目视刀尖。

（2）右脚前落，屈膝成右弓步；同时，右手持刀臂外旋向前方刺出，刀刃向下；左掌向后推出；目视刀尖方向。

动作要点：弓步、扎刀同时完成，刀与肩平；扎刀迅速有力，力达刀尖。

弓步012

传统术语：猛虎抱头。

现代术语：弓步藏刀。

源流：少林披身刀第二式。

技法：缠、藏。

动作过程：（1）左脚向左开步；同时，右手持刀臂内旋缠头；左手向左划弧摆出。

（2）上动不停，左脚向左前方上步成左弓步；同时，右手持刀，顺势向右经体前向左至左肋处，刀背贴于左肋，刀尖斜向上；左手架于头上方亮掌；目视右前方。

动作要点：藏刀时上身向左后拧转；迅速快捷，协调统一。

弓步013
传统术语：燕子穿帘。
现代术语：弓步扎刀。
源流：少林披身刀第四式。
技法：扎。

动作过程：（1）左脚向左开步半蹲；左手向前抡臂盖掌。
（2）上动不停，右腿蹬直成左弓步；同时，右手持刀向前平扎，刀尖向前；左臂向身体左侧横推掌；目视刀尖方向。
动作要点：上步轻灵，弓步、扎刀连贯合一；扎刀迅猛有力，力达刀尖。

弓步014

传统术语：东挡西杀。

现代术语：弓步劈刀。

源流：少林披身刀第五式。

技法：劈。

动作过程：右脚向前上步屈膝成右弓步；同时，右手持刀经身体左侧由上向右下方弧线劈出，刀刃斜向下，刀尖斜向上与头持平；左手架于头上方亮掌，掌心向上；目视刀尖。

动作要点：转身快捷，劈刀迅猛；力达刀刃。

弓步015

传统术语：单鞭击石。

现代术语：弓步劈刀。

源流：少林披身刀第九式。

技法：劈。

动作过程：（1）右手持刀收至身体后方，臂外旋，刀刃向后，刀尖向下；左掌向右下按掌；目视前方。

（2）上动不停，左脚向前上步屈膝成左弓步；同时，左掌向左横推掌，略高于左肩，掌心向左；右手持刀臂内旋，刀刃斜向下劈刀，刀尖斜向上；目视前方。

动作要点：上步、落步劈刀迅猛，协调统一；力达刀刃。

弓步016

传统术语：推涛破浪。

现代术语：弓步推刀。

源流：少林披身刀第十七式。

技法：挂、推。

动作过程：（1）左脚、右脚依次上步，身体向右转体90° 屈膝成马步；同时，右手持刀沿体前由上向下挂刀至身体左侧，刀尖向上，刀刃向左；左臂随转体摆动收至左腰处，左掌按于刀背中部；目视左方。

（2）身体右转，左脚上步屈膝成左弓步；同时，双手向左前方推刀，刀刃向前，刀尖向下；目视左前方。

动作要点：上步与推刀协调一致，双手与肩同宽；推刀有力，力达刀刃。

弓步017

传统术语：童子拜佛。

现代术语：弓步抹刀。

源流：少林披身刀第二十一式。

技法：抹。

动作过程：（1）左腿直立，右腿屈膝提起，成左独立步；同时，右手持刀臂外旋向左上撩刀，高于头部；左掌扶按于右腕内侧。

（2）上动不停，右脚上步屈膝成右弓步；同时，右臂内旋，双手向右后抹刀，刀与肩平，刀刃向前，刀尖向左；左手置于右腕内侧；目视前方。

动作要点：动作连贯流畅，刀随身体转动抹出；力达刀刃。

弓步018

传统术语：白猿入洞。

现代术语：弓步扎刀。

源流：少林披身刀第二十五式。

技法：扎。

动作过程：（1）右脚向右前方上步，随即重心左移，右脚收至左脚前；同时，右手持刀经身体左侧由上向下劈刀后收至胸前，左掌扶按于右腕内侧；目视刀尖。

（2）上动不停，右脚向前上步屈膝成右弓步；同时，右手持刀向前扎出，刀尖向前；左掌向后插掌，掌指向后；目视刀尖。

动作要点：弓步、扎刀连贯一致；刀与双臂呈一直线；扎刀迅猛有力，力达刀尖。

弓步019

传统术语：撬山移石。

现代术语：弓步崩刀。

源流：国际竞赛套路（第一套）第一段第十五式。

技法：崩。

动作过程：（1）左脚向后插步，双腿微屈；右手持刀经左肩外侧缠头；左臂向左外侧平摆。

（2）右脚向右跨步屈膝成右弓步；同时，右手持刀经体前由下向上崩刀，刀刃向外，刀尖斜向左上方；左手收按于右臂内侧；目视左前方。

动作要点：弓步、崩刀同时完成，协调一致；崩刀刚劲沉稳，力达刀尖。

弓步020

传统术语：霸王开弓。

现代术语：弓步藏刀。

源流：国际竞赛套路（第一套）第三段第三十四式。

技法：格、藏。

动作过程： 右脚向右跨步屈膝成右弓步；同时；右手持刀扣腕拉至体后藏刀；左手向前立掌推出；目视前方。

动作要点： 动作刚劲沉稳、支撑有力；推掌力达掌根。

弓步021
传统术语：指山磨转。
现代术语：弓步藏刀推掌。
源流：国际竞赛套路（第三套）第一段第六式。
技法：格、藏。

动作过程：（1）双腿微屈；右手持刀置于右腰间；左掌立于右胸前。
（2）双脚同时向左右两侧开步，身体右转，右腿屈膝成右弓步；同时，右手持刀扣腕向身体右后藏刀；左手向右前方推掌；目视左前方。

动作要点：弓步、藏刀、推掌同时完成；推掌力达掌根。

弓步022

传统术语：罗汉担柴。

现代术语：弓步带刀。

源流：国际竞赛套路（第三套）第三段第四十二式。

技法：带。

动作过程：（1）左腿屈膝，右脚收回扣于左膝腘窝处；同时，右手持刀做剪腕花后收于胸前；左手收于右前臂内侧；目视刀柄。

（2）身体右转前俯，右脚向右后方落步屈膝成右弓步；同时，右手持刀内旋，刀柄由左后方带刀至右前方，右臂胸前屈肘；左掌向左后方变勾手伸出；目视前方。

动作要点：带刀刀刃根部向前段移动，动作干净利落。

弓步023

传统名称：鹰扬追兔。

现代名称：弓步云扎刀。

源流：少林拳体系。

技法：云、扎。

动作过程：（1）左脚上提扣于右膝腘窝处；同时，右手持刀于头上云刀，收至右胸前平举刀，刀尖向右，刀刃向上，右臂屈肘；左臂向头上摆，下落收至右胸前，左掌置于右腕内侧；目视右下方。

（2）左脚向左跨步屈膝成左弓步；同时，右手持刀向右扎刀，刀尖向前，刀刃向下；左手向左后方平撑，掌心向后；目视右前方。

动作要点：头顶平圆云刀，力达刀背；扎刀臂与刀身呈一直线，力达刀尖。

弓步024

传统名称：青龙摆尾。

现代名称：弓步反撩刀。

源流：少林拳体系。

技法：撩。

动作过程：（1）右手持刀于身体右后提至头上方，刀刃向后，刀尖向下；左掌向身体左后摆，掌心向后；目视前方。

（2）左脚向前上步屈膝成左弓步；同时，身体右转，右手持刀沿体前向后反撩刀，右臂伸直，刀刃向左上方；左掌向头左前上方架掌，掌心向左前上方；目视刀尖方向。

动作要点：后撩刀与步法紧密配合，协调一致；撩刀力达刀刃。

弓步025

传统名称：车马填门。

现代名称：裹脑弓步藏刀推掌。

源流：少林拳体系。

技法：裹、藏。

动作过程：（1）右脚向后撤步支撑，身体右转180°，左脚随转体向左前方上步；同时，右手持刀做裹脑，屈肘收于腹前，刀背向内，刀刃向外；左臂向外平摆，收至右腋下，掌心向下。

（2）右腿蹬直，左腿屈膝成左弓步；同时，上体左转，右手持刀后拉至体后藏刀；左手向左推掌；目视左掌。

动作要点：裹脑要贴背绕行；推掌力达掌根。

弓步026

传统名称：青龙探爪。

现代名称：弓步穿掌。

源流：少林披身刀第二十五式。

技法：压。

动作过程：（1）右手持刀贴于后背，向上举刀置于头顶上方；同时，左掌向身体后侧撩掌，掌心向后。

（2）上动不停，左脚向前上步成马步；同时，右手持刀经头上方向体前横刀下压，刀刃向前，刀尖向左；左掌收至腰间，掌心向上。

（3）上动不停，右膝蹬直成左弓步；同时，左掌向前方穿掌；目视前方。

动作要点：弓步与压刀协调一致；穿掌力达指尖。

弓步027

传统术语：抹山穿石。

现代术语：换跳步扎刀。

源流：国际竞赛套路（第一套）第三段第四十一式。

技法：扎。

动作过程：（1）右脚向右后方撤步成马步；同时，右手持刀向后抹刀，重心微右移。

（2）双脚蹬地起跳，身体空中左转180°，落地成右弓步；右手持刀臂内旋回收，经腹前向右前方扎出；左手立掌收至右臂内侧；目视右前方。

动作要点：换跳步与弓步扎刀连贯、快速；扎刀迅猛有力，力达刀尖。

弓步028

传统术语：凤翥虎鸣。

现代术语：弓步扎刀。

源流：国际竞赛套路（第一套）第二段第二十七式。

技法：扎。

动作过程：（1）上体右转，左脚向右腿后侧插步；右手持刀向斜后下方截出，刀刃向后，刀尖斜向下；左手收至右胸前；目视刀尖。

（2）右腿提起，以左脚为轴，身体向左旋转360°；同时，右手持刀于头顶云刀一周，左手扶于刀背。

（3）上动不停，右脚向前落步屈膝成右弓步；同时，右手持刀向前扎出；左手向后插掌，指尖向后；目视前方。

动作要点：转身连贯协调；扎刀力达刀尖。

1.2 仆步

仆步001

传统术语：横扫千军。

现代术语：仆步扫刀。

源流：少林竞赛套路（刀术）第三段第三十一式。

技法：缠、扫。

动作过程：（1）左脚向左开步，身体左转；同时，右手持刀做缠头，刀背置于右肩后；左手经右腋下向左外侧划弧。

（2）上动不停，身体重心下移，身体左转180°，左腿屈膝，右脚向前方上步成右仆步；同时，右手持刀，手臂外旋，随转体下沉向右下方扫刀，刀刃向前，刀尖向右前方；左掌按附于右臂内侧；目视刀身。

动作要点：缠头扫刀与上步仆步动作要连贯协调，同时完成；力达刀刃。

仆步002

传统术语：骁将摸营。

现代术语：仆步藏刀。

源流：六合刀第五段第五十四式。

技法：藏、挡。

动作过程： 右腿屈膝全蹲成左仆步；同时，右手握刀内旋扣腕拉至右后上方藏刀，刀尖斜向下；左手沿左腿向左推掌至左下方；目视左前方。

动作要点： 仆步与藏刀同时完成；右腕扣紧，刀身斜向下。

仆步003

传统术语：败中回刀。

现代术语：仆步扫刀。

源流：少林披身刀第二十七式。

技法：扫。

动作过程：（1）右脚向后撤步；同时，右手持刀置于左胸前，刀尖向左下方，刀刃向外；左手勾手置于身体左后方，勾尖向上。

（2）重心前移，左脚向后上撩踢落于右脚前，随即右脚抬起，脚掌向身后撩踢后向体前上步。

（3）左脚向体前上步，脚尖内扣，屈膝全蹲，身体右转成右仆步；同时，右手持刀向右下方横扫至右腿上方，刀刃向后；左手摆至左上方亮掌，掌心向前；目视右方。

动作要点：步法与转体动作要协调；扫刀清晰敏捷，力达刀刃。

仆步004

传统术语：金鸡仆腿。

现代术语：仆步下截刀。

源流：国际竞赛套路（第一套）第四段第五十三式。

技法：截。

动作过程：（1）左脚向右脚后方插步；右手持刀向右平扫，刀刃向后；左臂向左伸直打开。

（2）身体右转，左腿屈膝全蹲成右仆步；同时，右手持刀臂外旋，经背部裹脑，随即刀刃向外经体前向右下方截刀，刀刃向后；左臂伸直于身体左上方，掌心向外；目视刀尖方向。

动作要点：裹脑刀要贴肩背绕行；下截力达刀刃前部。

仆步005

传统术语：驷马探路。

现代术语：仆步藏刀。

源流：国际竞赛套路（第三套）第四段第四十八式。

技法：藏、扎、挡、架。

动作过程：（1）右脚向右前方上步，左腿弯曲，左脚扣于右膝腘窝处；同时，右手向右上方扎刀；左手置于右肘处。

（2）右腿屈膝全蹲，左腿向左前方平铺成左仆步；同时，右手持刀内旋扣腕在右斜上方架刀，刀尖斜向下；左臂内旋向左后方摆掌，掌心向上；目视左前方。

动作要点：仆步、藏刀动作同时完成；上体略左拧前俯，右腕扣紧；刀身斜向下。

仆步006

传统名称：回马斩将。

现代名称：扎刀仆步斩刀。

源流：国际竞赛套路（第一套）第四段第五十三式。

技法：扎、斩。

动作过程：（1）左脚向左开步；同时，身体左转，右手提刀向体前扎出；左手由右肩内侧向左后方插掌；目视刀尖。

（2）身体右转，左腿屈膝全蹲成右仆步；同时，右手持刀经体前向右下方斩刀；左手向后插掌；目视刀尖方向。

动作要点：刀尖向前直刺，力达刀尖；斩刀力达刀刃。

仆步007

传统名称：掩手挑帘。

现代名称：仆步崩刀。

源流：少林拳体系。

技法：崩。

动作过程： 右手持刀置于胸前，刀刃向左，刀尖向上；左手置于右腕内侧。随即左腿屈膝全蹲成右仆步；同时，右手持刀由下至上立圆崩出；左手向身体左后方撩掌，掌心向上。

动作要点： 沉腕，刀尖向前上方弹击；仆步、崩刀同时完成；力达刀尖。

仆步008
传统术语：随风摆柳。
现代术语：仆步带刀。
源流：少林拳体系。
技法：带、挡。

动作过程：（1）右手持刀，刀刃向上，刀尖向前；左手置于右腕内侧。
（2）右脚向身体右侧开步成右弓步；同时，右手持刀经体前向右扫刀；左手向身体左侧推掌，掌心向后。
（3）上动不停，重心左移，左腿屈膝全蹲成右仆步；右手持刀向左带刀收至胸前，刀刃向上；左掌收附于右腕内侧；目视刀尖方向。
动作要点：扫刀、后带动作连贯；仆步时，上身稍向右斜。

仆步009

传统术语：金瓶倒水。

现代术语：仆步下砍。

源流：查拳体系。

技法：砍。

动作过程：（1）左脚向左开步，身体微左转；同时，右手持刀臂内旋扣腕，刀尖向左上方挂刀；左手上提至右肩内侧。

（2）上动不停，左腿屈膝全蹲成右仆步；右手持刀臂外旋由上向下砍刀；同时，左手架于头上方亮掌；目视刀身。

动作要点：仆步、砍刀同时完成，动作快速稳健，动静分明；砍刀力达刀刃。

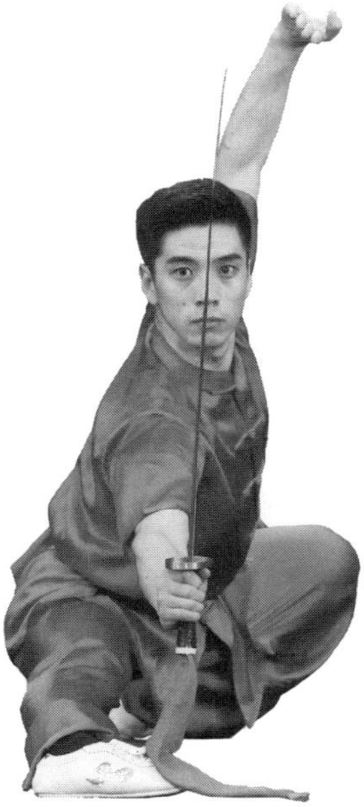

仆步010

传统术语：黄莺落架。

现代术语：仆步按刀。

源流：形意六合刀。

技法：按。

动作过程：（1）左脚向右前方上步，上体顺势右转180°；同时，右手持刀向左肩外裹脑，左掌屈肘附于右腕处。

（2）上动不停，左脚蹬地腾空，身体向右转180°，右脚、左脚依次落地，右腿屈膝全蹲，左脚向左前方落步成左仆步；同时，右手持刀，左手附于刀背中段向下按刀，刀刃向下；目向左平视。

动作要点：上身略向左前方探倾；按刀力达刀刃。

仆步011
传统术语：龙跳虎卧。
现代术语：翻身跳仆步藏刀。
源流：六合刀第六段第六十二式。
技法：劈、藏、挡。

动作过程：（1）左脚向前上步，身体右转，右腿屈膝上提，左脚蹬地身体腾空右转360°；同时，右手持刀，右臂外旋做剪腕花一周。

（2）右脚落地，右腿屈膝全蹲成左仆步；同时，右手握刀后藏，刀尖斜向下；左手向前推掌至左下方，掌心向前；目视左掌。

动作要点：仆步与藏刀动作同时完成；上体略向左拧前俯。

仆步012
传统术语：旁逸刀出。
现代术语：仆步藏刀。
源流：四门单片刀。
技法：藏、挡。

动作过程：（1）右脚向右前方上步，左小腿扣至右膝腘窝处；同时，右手持刀由腰间向右上方扎出；左手立掌附于右肩内侧。
（2）右腿屈膝全蹲成左仆步；同时，右手持刀屈肘扣腕藏刀，刀刃向上；左手于左腿内侧上方向左插掌，掌指向前；目视左掌。

动作要点：扎刀力点准确，力达刀尖；仆步、藏刀动作同时完成。

仆步013

传统术语：龙跧虎卧。

现代术语：仆步抱刀。

源流：六合刀第一段第四式。

技法：抱、缠。

动作过程：（1）左脚向左开步，右脚经左腿前向左上步，左脚经右腿后撤步；同时，身体旋转360°；右手持刀经左臂外侧缠头，刀尖向下，左掌立于右胸前。

（2）上动不停，右腿屈膝全蹲成左仆步；右手持刀向左扫刀至左腿上方成抱刀；左手屈肘按于右腕内侧；目视左前方。

动作要点：仆步、抱刀同时完成。

1.3 虚步

虚步001

传统术语：暗藏杀机。

现代术语：裹脑虚步藏刀。

源流：少林竞赛套路（刀术）第一段第五式。

技法：裹、藏、格。

动作过程：（1）右脚向右开步，左脚向右前方上步，身体右转180°；同时，右手持刀与肩平随转体平扫；左臂伸直，随转体平摆；目视刀身。

（2）上动不停，身体继续右转180°，右脚向左后方撤步；同时，右手持刀经背部裹脑；左手收于右臂腋下。

（3）左腿提膝，随即前脚掌点地成左虚步；同时，右手持刀向后拉刀，刀尖向前下，刀刃向外；左手向右推掌，掌心向前；目视前方。

动作要点：右腿屈膝成水平，推掌力达掌根；动作上下协调，干净利落。

虚步002

传统术语：仙人指路。

现代术语：虚步抱刀推指。

源流：少林竞赛套路（刀术）第三段第四十四式。

技法：缠、扫。

动作过程：（1）左脚向右后撤步，身体左转180°；同时，右手持刀经左臂外侧缠头；左掌屈肘至右胸前再向外推出。

（2）上动不停，右脚上步，以右脚为轴身体左转180°，左脚收回并步；右手持刀向左平扫，左手接刀抱刀至左腰间。

（3）上动不停，右腿屈膝，左脚向前，前脚掌点地成左虚步；同时，右手成剑指向前推出；目视前方。

动作要点：步法连贯，转身灵活，抱刀动作顺畅，一气呵成。

虚步003

传统术语：雁落平沙。

现代术语：虚步挡刀。

源流：形意六合刀第二段。

技法：裹、撩、挡。

动作过程：（1）右手持刀平收至左腋下，向右平扫，经背部裹脑收至胸前；同时，左臂屈肘，左掌平置于右肩上方，向左上方立圆绕行，收至右胸前。

（2）右腿屈膝，左脚前脚掌向前点地成左虚步；同时，右手持刀向右上方拉刀，刀尖斜向下；左掌后摆至身后变勾手，指尖向上；目视左方。

动作要点：动作上下协调，干净利落。

虚步004

传统术语：流星赶月。

现代术语：虚步抹刀。

源流：少林拳体系。

技法：裹、抹。

动作过程：（1）并步站立，右手持刀平收至左腋下，向右平扫，经背部裹脑后收至胸前；同时，左手向左上方绕行一周后收至右胸前。

（2）上动不停，左腿屈膝，右脚前脚掌向前点地成右虚步；右手持刀向右下方抹刀；左手架于头上方亮掌；目视刀身。

动作要点： 动作上下协调，干净利落。

虚步005

传统术语：怀中抱月。

现代术语：虚步抱刀。

源流：六合刀第二段第十九式。

技法：抱、缠。

动作过程：（1）右手持刀经左臂外侧缠头；左掌由右胸前向左平摆。

（2）右腿屈膝，左脚前脚掌前点成左虚步；同时，右手持刀向左扫刀至左腿上方塌腕成抱刀；左手屈肘按于右腕内侧；目视左前方。

动作要点： 动作上下协调，干净利落。

虚步006
传统术语：平起风雷。
现代术语：虚步推刀。
源流：查拳体系。
技法：推。

动作过程：（1）右手持刀，左手按于刀身，双手向上推刀，收于胸前。
（2）右腿屈膝，左脚前脚掌前点成左虚步；同时，左手贴靠刀背，双手向前平推，刀刃向前；上体随之前俯；目视前方。

动作要点：虚步、推刀同时完成；力达刀刃。

虚步007

传统术语：金虎出洞。

现代术语：虚步抱刀。

源流：查拳体系。

技法：抱、挡。

动作过程：（1）右掌向右前上方砍掌，掌心向上；同时，左手抱刀屈肘收至腰间，刀尖向上，刀刃向外。

（2）重心右移，右腿屈膝，左脚前脚掌点地成左虚步；右手抖腕亮掌架于头上方，掌心向上；目视左前方。

动作要点：抱刀刀身直立，动作干净利落。

1.4 马步

马步001
传统术语：鹞子翻身。
现代术语：翻身马步按刀。
源流：少林竞赛套路（刀术）第二段第三十二式。
技法：按。

动作过程：（1）双腿直立，右手持刀，左手立掌于右胸前。左脚向左开步；同时，右手以腕为轴向右臂内侧做剪腕花一周，再沿右臂外侧做剪腕花一周。

（2）上动不停，左脚向右前方上步后随即蹬跳，身体向右转360°，落地成马步；同时，右手持刀，左手按于刀背，由上至下按刀；目视前方。

动作要点：腾空翻身上体后仰；按刀有力，力达刀刃。

马步002

传统术语：罗汉劈柴。

现代术语：马步劈刀。

源流：少林竞赛套路（刀术）第三段第四十二式。

技法：劈。

动作过程：（1）右脚向右前方上步，双手抱握刀由下向上撩刀一周至头后方，刀尖向下。

（2）上动不停，左脚向前上步，右脚向前跟步；同时，双手抱刀向左下方劈刀一周至头上方，再向右下方劈刀一周，收至头后方，刀刃向上。

（3）上动不停，双腿屈膝成马步；同时，双手抱刀向右下方劈刀至右膝内侧，刀尖斜向右上方；目视劈刀方向。

动作要点：提膝劈刀连贯一致，快速迅猛；落步、劈刀同时完成，力达刀刃。

马步003
传统术语：挂印献牌。
现代术语：马步劈刀。
源流：六合刀第二段第三十二式。
技法：挂、劈。

动作过程：（1）右脚向右前方上步，身体向左转，左腿提膝于胸前；同时，右手持刀上举于右肩上方，扣腕，刀尖向下，随即经左小腿前向左上方挂刀；左臂屈肘，左手附于右臂内侧；目视左后方。

（2）身体左拧，左脚外摆落步，右脚向前上步内扣成马步；右手持刀，臂内旋向下劈刀，刀尖向上；左手架于头上方亮掌，掌心向上；目视右前方。

动作要点：动作连贯紧凑，协调一致；马步和劈刀同时完成，力达刀刃。

马步004

传统术语：叶里藏花。

现代术语：马步藏刀。

源流：国际竞赛套路（第一套）第一段第十一式。

技法：藏、扫。

动作过程： 并步站立，双脚开步屈膝成马步；同时，右手持刀，手臂内旋，从右上方下带藏收于左腋下，刀尖斜向左后方；左手抖腕亮掌架于头上方，掌心向上；目视右前方。

动作要点： 藏刀、亮掌、马步要同时完成；动作干净利落，动静分明。

1.5 歇步

歇步001

传统术语：狸猫缩身。

现代术语：歇步撩刀。

源流：少林竞赛套路（刀术）第一段第十六式。

技法：撩。

动作过程：（1）双手持刀，以右腕为轴，刀身在身体左侧立圆撩刀一周后，于身体右侧立圆绕行一周，再在身体左侧立圆绕行一周。

（2）左腿提膝向后撤步，双腿交叉屈膝全蹲成右歇步；同时，右手持刀，左手虎口钳夹，掌指屈拢，握托刀背中段，刀贴身体左侧随转体由下向上立圆托撩；目视刀尖。

动作要点：撩刀花要与拧腰转体协调配合，撩刀、歇步同时完成。

歇步002

传统名称：入海刺蛟。

现代名称：歇步下刺刀。

源流：武当剑。

技法：刺。

动作过程：（1）左脚开步，身体左转；右手持刀置于腰间；左手向左推掌。

（2）双腿交叉屈膝全蹲成左歇步；同时，右手持刀臂内旋向前斜下直臂刺出，手心向外；左掌附于右胸前，掌指向上；目视刀尖。

动作要点：刺刀要猛，身体前探，刀尖向前直刺，臂与刀身成一直线；力达刀尖。

歇步003

传统术语：叶底采莲。

现代术语：歇步截刀。

源流：查拳体系。

技法：截。

动作过程：（1）右脚向右开步；右手持刀架于左肩上，刀尖向后；左手置于右腕内侧。随即右手持刀向右平扫；左手向左平伸。

（2）上动不停，左脚向右后方插步，双腿交叉屈膝全蹲成右歇步；同时，右手持刀经背部裹脑；左掌收至右肩侧。随即，右手持刀向右下方截刀，刀刃向前，刀尖向左；左掌架于头上方亮掌，掌心向上；目视刀身。

动作要点：动作连贯，截刀、歇步同时完成；力达刀刃。

歇步004

传统术语：插花盖顶。

现代术语：歇步按刀。

源流：少林拳体系。

技法：按。

动作过程：（1）左脚向左开步；同时，右手持刀于胸前向右平扫；左掌于胸前向左平伸。

（2）上动不停，右脚向左后方插步，双腿交叉屈膝全蹲成左歇步；同时，右手持刀经背部裹脑，左手附于刀背中段下按，刀刃向下，刀尖向左；目视刀身。

动作要点：动作快速连贯；按刀、歇步同时完成；力达刀刃。

歇步005

传统术语：避影匿形。

现代术语：歇步藏刀。

源流：少林拳体系。

技法：藏。

动作过程： 左脚向右腿前盖步，双腿交叉屈膝全蹲成左歇步；同时，右手持刀经背部裹脑落于左膝前，发力塌腕，刀尖向上挑，刀刃向外；左手按于右腕内侧；目视左前方。

动作要点： 歇步、藏刀同时完成；动作轻灵、快速连贯；上体向左拧腰微前俯。

1.6 坐盘

坐盘001

传统术语：古树盘根。

现代术语：坐盘拉抹刀。

源流：六合刀第四段第四十五式。

技法：抹。

动作过程： 右手持刀架于左肩上，左掌置于右腕内侧。右脚向左后方插步，身体右转360° ，双腿交叉屈膝下坐成坐盘；同时，右手持刀经背部裹脑，经左肩向右下抹刀；左臂由下向上架于头上方亮掌，掌心向上；目视右下方。

动作要点： 转身裹脑与坐盘抹刀协调一致；上体向右拧腰微前俯。

坐盘002
传统术语：阳门摆刀。
现代术语：坐盘抱刀。
源流：国际竞赛套路（第三套）第三段第三十八式。
技法：缠、抱。

动作过程：（1）身体向左后方转体；同时，右手持刀经背部缠头；左掌向左水平伸出；目视左前方。
（2）左脚尖向外蹍转，双腿交叉屈膝下坐成坐盘；同时，右手持刀随转体向左横扫至左胸前，刀身平贴于左臂上方；左掌顺势收于右腕下方；目视左前方。
动作要点：坐盘、抱刀同时完成，动作协调一致；上体向左拧腰微前俯。

1.7 独立步

独立步001

传统术语：金鸡报晓。

现代术语：提膝托撩刀。

源流：少林竞赛套路（刀术）第一段第十四式。

技法：撩。

动作过程：（1）左脚向前上步；右手持刀，左手附于右手内侧，向右、向左外侧立圆各撩刀一周；目视前方。

（2）上动不停，身体重心后移，右腿直立，左腿提膝成独立步；同时，右手持刀下压至右腹前，左手虎口夹刀背向上托撩，刀尖斜向上，高与眼平；目视刀尖。

动作要点：撩刀时以腰带臂；刚柔相济，快速有力。

独立步002
传统术语：罗汉过江。
现代术语：提膝勾手背刀。
源流：少林竞赛套路（刀术）第四段第四十六式。
技法：撩。

动作过程： 右腿直立，左腿提膝成独立步；同时，右手持刀由左肩至右上方撩刀，刀背贴于右肩背部；左掌上提向左伸出成勾手；目视前方。

动作要点： 提膝、撩刀、勾手同时完成；动作稳固。

独立步003

传统术语：雏鹰展翅。

现代术语：抹刀裹脑提膝拉刀。

源流：六合刀第二段第十四式。

技法：抹、挡。

动作过程：右手持刀裹脑，重心微下移。右手持刀裹脑后顺势经胸前向右上方抹、挡，刀尖向下；左手经腋下向左下方推掌，掌心向后；同时，重心上移，右腿直立，左腿提膝成独立步。

动作要点：以腰带臂，刚柔相济，快速有力；提膝时上体向左拧腰微前俯。

独立步004

传统术语：金鸡独立。

现代术语：旋风脚提膝藏刀。

源流：六合刀第五段第五十六式。

技法：挡、藏。

动作过程： 右手持刀上提至右上方，左掌屈肘于左胸前。重心下移，右脚蹬地起跳，身体左转360°做旋风脚后，左脚落地，右腿提膝成独立步；同时，右手持刀向左后平抡，随转体藏至左腋下，刀背向内；左手抖腕亮掌架于头上方，掌心向上；目视右前方。

动作要点： 旋风脚击拍响亮，身正、腿直；提膝藏刀落地要稳。

独立步005

传统术语：雄鸡摆尾。

现代术语：提膝藏刀。

源流：少林拳体系。

技法：裹、藏、格。

动作过程：右腿直立，左腿提膝成独立步；同时，右手持刀裹脑后向后拉藏，刀尖向下；左掌由右胸前向左前方推掌；目视左掌。

动作要点：提膝、藏刀、推掌同时完成；迅捷稳定。

独立步006

传统术语：金鸡抖翎。

现代术语：提膝格刀。

源流：少林披身刀第六式。

技法：格。

动作过程：（1）右脚向后撤步，身体向右转体180° 成高虚步；同时，右手持刀裹脑后将刀按于腹前；左手向外打开后收于右腕内侧；目视前方。

（2）上动不停，重心上移，左腿直立，右腿提膝成独立步；同时，双手向两侧提起；目视前方。

动作要点：提膝、格刀同时完成；快速稳定。

独立步007

传统名称：魁星提斗。

现代名称：收腿提刀。

源流：武当剑。

技法：挡。

动作过程： 右腿直立，左腿提膝，左脚脚尖向外摆勾；同时，右手持刀反手向上提拉挡至右肩上方，手心向外；左掌顺腰间穿掌于左腿内侧，掌心向上，左臂屈肘；目视前方。

动作要点： 提膝和上肢动作同时完成；动作协调一致，快速稳定。

独立步008

传统名称：鸟尽弓藏。

现代名称：缠头提膝藏刀。

源流：六合刀第十五式。

技法：缠。

动作过程：（1）右手持刀臂内旋做缠头；左掌向左平伸；目视左前方。

（2）右腿直立，左腿提膝成独立步；同时，右手持刀经左膝前弧形穿刀至身体左前抱刀，刀背向内；左臂屈肘，掌向内摆，手心向下扶于右腕上侧，掌指向右；目视左方。

动作要点：缠头刀紧凑连贯；力达刀背。

独立步009
传统名称：托碑献塔。
现代名称：提膝上推刀。
源流：少林缠头刀第十三式。
技法：推。

动作过程：右臂屈肘持刀置于右肩上，刀刃向上，刀尖向左；左掌收于腰间，掌心向上，掌指向前。右腿直立，左腿提膝成独立步；同时，右手持刀向上举臂推刀；左手经体前置于右腋下亮掌，掌指向上；目视左方。
动作要点：提膝、推刀同时完成；推刀刀刃向上发力迅速，力达刀刃。

独立步010
传统名称：朝天一炷香。
现代名称：提膝崩刀。
源流：少林缠头刀第三十五式。
技法：崩。

动作过程： 左腿直立，右腿提膝成独立步；同时，右手持刀做裹脑，随即刀经体前由下向右前崩刀，刀尖向上；左手屈肘护于右上臂内侧。

动作要点： 崩刀时要塌腕；崩刀力达刀尖。

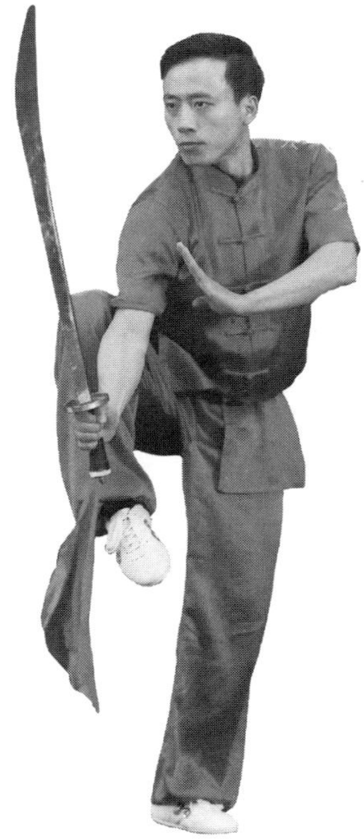

独立步011

传统名称：白猿偷桃。

现代名称：提膝斩刀。

源流：少林披身刀第二十三式。

技法：斩。

动作过程：左脚上步，右腿提膝成独立步；同时，右手持刀由右向前斩刀，刀与肩平，刀尖向前，刀刃向左；左掌由左收至右臂内侧，掌指向上；目视前方。

动作要点：斩刀迅猛，动作协调一致；力达刀刃。

独立步012
传统术语：策马抹轴。
现代术语：提膝抹刀。
源流：少林拳体系。
技法：抹。

动作过程：（1）左脚向左开步；右手持刀臂内旋经左肩外侧下落，刀尖向后；左掌随右臂下落，手心向下；目视左方。

（2）右腿提膝成独立步，脚面绷直；上体右转前俯；右手持刀向右抹刀；左掌随转体向左平摆；目视前方。

动作要点：提膝与抹刀协调一致；抹刀快速稳健；身体微前俯。

独立步013

传统术语：沐猴护冠。

现代术语：提膝缠头。

源流：查拳体系。

技法：缠。

动作过程：（1）左脚向前上步；右手持刀向左扫刀，经左肩贴背向右裹脑；左掌屈肘收于右肩内侧向左平摆。

（2）右腿提膝成独立步；右手持刀从背后向左肋处绕环平扫；左掌从左侧上举至头顶上方亮掌；目视前方。

动作要点：左膝挺直，提膝独立要稳定。

独立步014

传统术语：乌龙倒卷。

现代术语：转身挂劈。

源流：少林拳体系。

技法：挂、劈。

动作过程：（1）左脚向左开步，身体左转90°，右脚向前上步；同时，右手持刀随转体贴身弧形经体前挂刀一周；左手经体前抡臂一周，收至胸前。

（2）上动不停，右脚落地腿伸直，左腿提膝成独立步；右手持刀从上向右下劈，刀刃斜向下，刀尖稍向上翘，上体略向右倾；左掌随之上举至头顶亮掌；目视刀尖。

动作要点：挂刀、劈刀动作连贯；提膝独立要稳定。

1.8 丁步

丁步001

传统术语：缩身断蛇。

现代术语：丁步截刀。

源流：少林披身刀第十九式。

技法：截。

动作过程：左脚向左后方撤步，重心左移，左腿屈膝，右脚收至左脚内侧成丁步；同时，右手持刀经背部裹脑下截至右小腿外侧，刀刃向右，刀尖向前；左掌经右腋下摆至头左上方架起；掌心向外；目视右下方。

动作要点：截刀丁步同时完成，上下协调一致，连贯紧凑；截刀力达刀刃。

丁步002

传统名称：腋里藏花。

现代名称：缠头丁步藏刀。

源流：六合刀第八式。

技法：缠。

动作过程： 左脚向左开步，重心左移，左腿屈膝，右脚收至左脚内侧成丁步；同时，右手持刀臂内旋做缠头刀，向左肋处划弧平斩藏于身后，刀背贴于左肋，刀尖斜向上；左臂由下向左上方抖腕架掌，掌心向上；目视右前方。

动作要点： 藏刀与丁步同时完成；上体正直；缠头刀连贯迅捷。

丁步003

传统名称：海底捞月。

现代名称：丁步勾手穿刀。

源流：少林缠头刀第五式。

技法：穿。

动作过程：（1）并步站立；右手持刀撩至背后，刀背贴背，刀刃向后；左手上提至右腋下。

（2）双腿屈膝，左脚收至右脚内侧成丁步；右手持刀臂外旋沿右臂外侧做剪腕花一周至右上方，随即臂内旋由右前方向下经体前左侧穿刀，刀尖向左后方；左手向身体左后划弧变勾手，勾尖向上；目视前方。

动作要点：穿刀丁步同时完成，身体微前俯；穿刀轻灵快速，力达刀尖。

1.9 蹲步

蹲步001

传统术语：拨草寻蛇。

现代术语：蹲步下格刀。

源流：少林竞赛套路（刀术）第二段第二十一式。

技法：斩、云、格。

动作过程：（1）右脚向后撤步，身体左转；同时，双手抱刀、云刀，随即右手持刀、左手托刀背使刀置于身体左下方，刀尖向左后下方，刀刃向右。

（2）上动不停，以右脚为轴，身体右转180°，左脚随转体向右前方上步，落于右脚旁成蹲步；同时，右手持刀，左手托刀，使刀刃随转体沿左腿外侧向左前方推格刀，刀尖向左下方；刀刃向外。

动作要点：云刀转身迅速，格刀以腰带刀；震脚短促有力，上下协调一致。

1.10 并步

并步001
传统术语：破阵斩首。
现代术语：并步斩刀。
源流：国际竞赛套路（第一套）第一段第十二式。
技法：斩。

动作过程：（1）左脚向右脚后侧插步；右手持刀向右平扫。
（2）上体左转，右脚向右开步；右手持刀经背部裹脑；左手屈肘收至右胸前。
（3）左脚向右脚并步；上体右转，右手持刀经体前向右平斩，刀尖向前；左手向上架掌于头上方；目视右前方。

动作要点：斩刀、并步协调一致；斩刀力达刀刃。

并步002

传统术语：天将守门。

现代术语：剪腕花并步扎刀。

源流：国际竞赛套路（第一套）第四段第五十式。

技法：扎。

动作过程：（1）右脚向前上步；右手持刀，刀身向后摆；左手立掌前推。

（2）右脚蹬地，左右脚依次向前跳步后落地，双腿屈蹲成马步；同时，右手持刀沿右臂内侧做剪腕花一周，屈肘抱刀于胸前，刀尖向右，刀刃向上；左手收回附于右腕内侧。

（3）左脚向右脚并步；右手持刀向右扎刀；左手向左斜上方插掌；目视右前方。

动作要点：剪腕花要贴身呈立圆绕行，步法轻灵；扎刀力达刀尖。

并步003

传统术语：黄蜂入洞。

现代术语：转身并步斜扎。

源流：国际竞赛套路（第三套）第四段第四十七式。

技法：扎。

动作过程：（1）左脚向左前方上步；左掌前推；目视左前方。

（2）右脚向左前方上步，左脚向后撤步，身体左转180°；同时，右手持刀经身体右侧绕至右上方后，向前、向下做剪腕花一周收于右腰间，随即向右前扎出，刀扎出时左臂向左打开；目视刀尖。

（3）右脚经左腿前向右斜前方上步，左脚收至右脚内侧成并步；同时，右手持刀经腰间向右斜上方扎出；左手立掌附于右肩内侧；目视刀尖。

动作要点：上步、撤步、转身、剪腕花连贯流畅；扎刀与步法协调一致，力达刀尖。

并步004

传统术语：迎面一锤。

现代术语：抱刀冲拳。

源流：少林竞赛套路（刀术）第一段第三式。

技法：抱、挡。

动作过程：（1）左脚向左开步；同时，左手于胸前抱刀平摆，刀刃向上，刀尖向后；右手抱拳于腰间。

（2）上动不停，右脚上步震脚成并步；同时，右拳向前冲出，高与肩平；左手抱刀收于左腰间，刀尖向斜后上方；目视右拳。

动作要点：动作连贯；力达拳面。

1.11 点步

点步001

传统术语：顺水推舟。

现代术语：前点步推刀。

源流：国际竞赛套路（第一套）第三段第二十九式。

技法：推。

动作过程：（1）右脚向右跨步，上体右转；右手持刀，向右平扫；左手向左伸直摆开后收于胸前。

（2）上体左转，重心移至右腿，左脚向右脚前方上步，脚尖点地成前点步；右手持刀，直臂向右推出；左手向左后方横掌推出，掌指向前；目视右前方。

动作要点：脚尖前点、推刀同时完成；推刀力达刀刃。

1.12 跪步

跪步001

传统术语：观音坐莲。

现代术语：跪步推刀。

源流：国际竞赛套路（第三套）第四段第四十五式。

技法：推。

动作过程： 左脚向左开步，身体左转，左腿屈膝，右脚跟提起，右腿屈膝成跪步；右手持刀向左前方平推，刀刃向前；左手附于刀背；目视前方。

动作要点： 右膝蝶跪不触地；跪步与平推连贯一致；前俯推刀，力达刀刃。

跪步002

传统名称：风扫残云。

现代名称：裹脑扫刀跪步。

源流：少林拳体系。

技法：裹、扫。

动作过程： 右脚向右开步，以右脚为轴，左脚抬起随身体向右转体360°后落步屈膝成跪步；同时，右手持刀随转体向右后平扫随即裹脑，再由体前继续向右肩后平圆斩扫；左掌随跪步按于地面上。

动作要点： 裹脑刀刀尖下垂，力达刀背；刀平扫，力达刀刃。

1.13 插步

插步001
传统术语：迎风摘柳。
现代术语：插步分手扎刀。
源流：雁尾单折刀第三十五式。
技法：扎。

动作过程：左脚向左跨步，身体重心下移，左腿屈膝，右脚提起向左脚斜后方插步；右手持刀，身体左拧，从右侧腰间向左下方扎出，刀尖斜向左下；左掌向右砍掌，随即向身后插掌，掌指向后；目视刀尖。

动作要点：扎刀、插步同时完成；扎刀快速有力，力达刀尖。

插步002

传统名称：孤虎斜阳。

现代名称：插步架刀推掌。

源流：六合刀第三段第三十九式。

技法：撩、架。

动作过程： 右脚向右开步，落步成插步；右手持刀经左侧由下反撩，身体右转，刀身上架于头上方，刀刃向上，刀尖向前；左手由腰间向前立掌推出，高与肩平；目视前方。

动作要点： 架刀、推掌协调一致；推掌快速有力，力达掌根。

插步003

传统名称：急兔反噬。

现代名称：插步反撩刀。

源流：形意六合刀。

技法：撩。

动作过程：（1）右手持刀，右臂屈肘，刀刃向上，刀尖向右；左掌置于右腕内侧，掌心向外。

（2）左腿屈膝支撑，右脚向左脚斜后方插步；同时，右手持刀，刀身向左经体前由下向右侧斜上方反手撩刀，刀尖向右斜上方；左手向左侧后下方摆出，掌心向上；目视刀尖方向。

动作要点：撩刀、插步同时完成；眼随刀走，反撩刀快速有力，力达刀刃。

插步004

传统术语：退刀留招。

现代术语：倒插步裹脑刀。

源流：少林竞赛套路（刀术）第二段第二十五式。

技法：裹、挡。

动作过程：（1）右脚向右开步，身体右转，左脚向右脚后插步；同时，右手持刀贴背裹脑；左臂随扫刀向右打开平摆。

（2）上动不停，右脚向右后撤步，左脚向右脚后插步；右手持刀向后裹脑，刀尖向下；左掌收回置于右胸前，掌心向右，掌指向上。

（3）上动不停，右手持刀向后平扫；左掌由右胸前向左侧推摆，掌心向左，掌指向上；目视左掌。

动作要点： 撤步轻灵；裹脑刀、撤步、左臂摆动配合协调一致。

插步005

传统术语：车轮刀。

现代术语：撤步劈拉。

源流：六合刀第三段第三十六式。

技法：劈、压。

动作过程： 右手持刀臂外旋，刀架于头上，刀刃向上，刀尖向后。左脚向左后撤步，右脚抬起落至左脚旁成并步；同时，右手持刀经体前由上向下劈拉；左掌附于右腕内侧。重复三次；目视左方。

动作要点： 劈刀与撤步协调连贯；下劈时要贴身有力，力达刀刃。

插步006

传统术语：斗折蛇行。

现代术语：插步绞刀。

源流：国际竞赛套路（第一套）第四段第四十四式。

技法：绞。

动作过程：（1）身体略右转，同时左脚向左开步，重心下移；右手持刀，左手按于刀内侧。

（2）上体略左转，右脚抬起向左脚后插步，左脚抬起向右脚后撤步；同时，右手持刀，左掌按于刀背经身体左侧绞刀一周至右下方；目视刀身。

动作要点：插步与绞刀同时完成，上下协调一致。

2 步法

2.1 跟步

跟步001

传统术语：狸猫上树。

现代术语：跟步撩刀。

源流：六合刀第二段第十六式。

技法：撩。

动作过程：身体向右转90°，左掌立于右手侧，双腿弯曲，重心下移。左脚向前上步，右脚向前跟步；同时右手持刀由后向上撩出一周，右臂外旋收于左腰侧；同时，左手放于右手内侧；目视前方。

动作要点：跟步轻灵快捷，上下协调一致；撩刀力达刀刃。

2.2 击步

击步001

传统术语：关公撩袍。

现代术语：击步撩刀。

源流：六合刀第二段第二十六式。

技法：撩。

动作过程：身体右转90°，左掌立于右手侧。双腿屈膝，重心下移，左脚向前上步，右脚跟步，随即击碰左脚跟；同时，右手持刀由下向上撩出收于左腰侧；左手置于右手内侧；目视前方。

动作要点：撩刀与步法紧密配合；撩刀快捷迅猛，力达刀刃。

2.3 跳纵步

跳纵步001

传统术语：回马扫敌。

现代术语：纵步下截刀。

源流：国际竞赛套路（第一套）第二段第二十三式。

技法：截。

动作过程：（1）左脚向右前方上步；右手持刀拉至左腋下，刀身放平，刀尖向后；左手收于右肩处；目视左前方。

（2）身体右转；右手持刀向右平扫；左臂伸直，向左分开；目视右前方。

（3）身体向右后侧转动，右脚随之向右前方上步；右手持刀向后裹脑，刀尖斜向下；左手随转体收至右胸前。

（4）上体右转，右腿屈膝前提，左脚蹬地起跳，左腿伸直；右手持刀向斜下方经右腿外侧截刀，刀刃向后，刀尖斜向下，臂与刀呈一直线；左掌屈肘收至右胸前；目视刀尖。

动作要点：上步转身、纵步截刀要连贯协调；截刀力达刀刃前部。

跳纵步002
传统术语：鹰击虎步。
现代术语：跳叉步压刀。
源流：六合刀第四段第四十四式。
技法：压。

动作过程： 右脚经左脚前向左跨步蹬跳，落地后左脚向左跨步，随即右脚向左腿后方落步成倒插步；同时，上体后仰，右手持刀劈拉，随着跳叉步由下向上再向下压刀置于腹前，刀尖斜向上，刀刃向下；左手随跳步由下向上抡臂，附于右腕处；目视刀尖方向。

动作要点： 跳叉步与抡劈刀要协调一致；压刀力达刀刃。

跳纵步003

传统名称：鹞子钻林。

现代名称：跳步下扎刀。

源流：少林拳体系。

技法：扎。

动作过程： 右脚向右开步，重心下移，右脚蹬地，左腿屈膝上提，身体腾空右转360°；同时，右手持刀、左手按于刀背中段随转体向右落地扎刀；左手向左后方插掌，掌指向后；目视刀尖方向。

动作要点： 翻身跳、落地扎刀同时完成；刀尖向前直刺，力达刀尖。

2.4 行步

行步001

传统术语：迎风藏头。

现代术语：弧行步缠头刀。

源流：查拳体系。

技法：缠、挡。

动作过程：（1）左腿直立，右腿提膝；右手持刀拉于右肩后；左手向左平摆。右脚落地，左脚、右脚依次向左前方弧行步上步；同时，刀背沿左肩外侧缠头；左掌经胸前向左平摆；目视前方。

（2）上动不停，左脚、右脚依次向左前方上步；同时右手持刀，刀背沿左肩外侧缠头；左掌经胸前弧形向左平摆；目视左前方。

动作要点：扫刀平行，迅速有力，上下协调。

2.5 垫步

垫步001
传统术语：藏头护尾。
现代术语：垫步背刀。
源流：查拳体系。
技法：挡。

动作过程：（1）身体微右转；右手持刀随转体下落至体前；左掌收至右肩前。
（2）右脚向前垫步蹬地起跳，右腿伸直，左腿提膝；右手持刀经体前向上摆动，刀背贴靠右侧背部；左掌向左平摆，指尖向上；目视前方。
动作要点：垫步与背刀协调一致。

3 腿法

3.1 直摆

直摆001
传统术语：力破天门。
现代术语：踢腿撩刀。
源流：少林竞赛套路（刀术）第二段第二十六式。
技法：撩。

动作过程：（1）右手持刀经身体右侧、左侧由上向下劈刀两周，肘微屈架于头上方，刀刃向上，刀尖向左；左掌附于右胸前，掌心向右，掌指向上；目视左方。

（2）上动不停，身体左转180°；右手持刀由右下向左前上方撩刀至额前，随即双手抱刀，立刀收至左胸侧，刀刃向后，刀尖向上；同时，右腿向右耳侧上踢。

动作要点：抡劈、撩刀立圆；转体踢腿协调一致，动作衔接紧凑，快速有力。

直摆002

传统术语：掸尘拂面。

现代术语：单拍脚。

源流：国际竞赛套路（第一套）第一段第四式。

技法：抱、挑。

动作过程：（1）左脚向左开步，身体左转；左手抱刀落于左腿外侧；右手握拳置于右腰间。

（2）上动不停，左手抱刀由下向上直臂抡摆至身体左前方；右手经腹前向上直臂摆起；目视左前方。

（3）重心移至左脚，左腿伸直，右腿向上摆踢；右手击拍右脚脚面；左手抱刀，下落至身体左侧。

动作要点：拍脚时右前臂紧张，右掌稍里扣；击拍响亮。

直摆003
传统术语：游龙斜出。
现代术语：斜拍脚扎刀。
源流：国际竞赛套路（第三套）第二段第十九式。
技法：扎。

动作过程：（1）左脚向右斜前方上步；同时，右手持刀置于右肩斜上方，刀尖向后；左掌向左下方伸出。随即右脚向上摆踢，脚高于肩；右手握刀向右斜下方劈砍；左手击拍右脚面；目视击拍脚。

（2）右脚落于左脚内侧，双腿屈膝成并步；同时，右手持刀经右腰间向前平扎；左掌向左后方伸出；目视刀尖。

动作要点：斜拍脚准确响亮；拍脚与劈砍动作上下一致；扎刀力达刀尖。

3.2 屈伸

屈伸001
传统术语：蝎子摆尾。
现代术语：缠腿单拍脚。
源流：少林竞赛套路（刀术）第一段第四式。
技法：抱、挡。

动作过程：（1）以左脚为轴，身体右转180°；右腿提起，右脚随转体向后缠绞；同时，右拳收抱腰间。
（2）上动不停，右腿向前由屈到伸弹踢，脚面绷直高过肩；同时，右拳变掌前插击拍右脚面。

动作要点：转体与缠腿协调一致，后缠腿动作路线要呈平圆；拍脚响亮。

屈伸002

传统术语：灵蛇出洞。

现代术语：弹腿插掌。

源流：少林竞赛套路（刀术）第一段第七式。

技法：剪腕花。

动作过程： 原地站立。右手持刀，刀尖向下沿右腿外侧做剪腕花一周，持刀后拉；同时，左掌立掌前插；左腿屈膝，右腿向体前弹踢；目视前方。

动作要点： 屈蹲与剪腕花、弹腿插掌上下协调一致完成，动作顺畅连贯；弹腿插掌有力，力达脚尖、指尖。

屈伸003
传统术语：雄鹰击兔。
现代术语：缠头箭踢。
源流：查拳体系。
技法：缠、扫。

动作过程： 右脚向前上步，右手持刀经左肩外侧向背后缠头，收至左肋处，刀刃向外。左掌至头顶上方亮掌；同时，左脚向前摆起，右脚蹬地腾空，右脚向前弹踢。

动作要点： 缠头和箭踢的动作协调进行；缠头要快速，箭踢要有力，膝部要伸直。

屈伸004

传统术语：望风披巾。

现代术语：侧身横踢。

源流：少林披身刀第十式。

技法：架、砍。

动作过程：（1）左脚向前上步，向左转体90°，左脚尖外展；同时，右手持刀向左架刀，刀刃向上，刀尖向前；左掌置于右腕内侧，掌心向外；目视前方。

（2）上动不停，右手持刀向右砍击，刀刃向后，刀尖斜向下；左掌向身体前方推掌，掌心向前，掌指斜向内；同时，左腿直立，右腿屈膝提起，向右横踹，高与胸平；目视右前方。

动作要点：动作顺畅连贯；横踢快猛有力。

屈伸005

传统术语：碎心腿。

现代术语：缠头踹腿。

源流：少林竞赛套路（刀术）第二段第二十八式。

技法：缠、挡。

动作过程：（1）身体右转，左脚向左侧开步；右手持刀经左臂外侧向背后缠头；左掌立掌置于右胸前。

（2）上动不停，右脚向前上步成并步，身体左转360°；同时，右手持刀向左平斩，刀尖向前，刀刃向右，抱刀于右胸前；左掌经胸前直臂向右平摆，按于右腕上；目视刀身。

（3）左脚随转体由屈到伸向左上方踹出；目视左脚。

动作要点：上步转身和缠头刀同时进行，转身迅速；踹腿有力。

屈伸006
传统术语：老龙伸腰。
现代术语：蹬腿扎刀。
源流：少林竞赛套路（刀术）第三段第三十七式。
技法：扎。

动作过程： 左脚向前上步，左腿挺直支撑，右腿向后由屈到伸蹬击，力达脚跟；同时，双手抱刀前扎，刀尖向前，刀刃向下，身体与刀呈水平姿态；目视刀尖。

动作要点： 支撑稳健，动作迅捷；蹬腿、扎刀同时完成，力达刀尖。

屈伸007

传统术语：青龙出水。

现代术语：缠头蹬腿。

源流：查拳体系。

技法：挂、扫、挡。

动作过程：（1）左腿提膝；右手持刀由左膝下方向左抄起缠头；左掌屈肘附于右前臂上；目视前下方。

（2）上动不停，左脚向左斜前方落步成左弓步；左掌向左平摆后至头顶上方成亮掌；右手持刀将刀背贴靠左肋。

（3）重心前移，左腿支撑；右脚尖勾起，脚跟向前上方蹬出；目视前方。

动作要点：缠头刀背绕裹脊背；蹬腿力达脚跟，连贯一致。

3.3 扫转

扫转001

传统术语：就地生风。

现代术语：扫腿旋风脚提膝藏刀。

源流：六合刀第五段第五十五式、第五十六式。

技法：扫、藏。

动作过程：（1）左脚向左开步屈膝下蹲，重心移至左腿，以左脚前脚掌为轴，右腿平铺，脚内扣，向左扫转360°；同时，右手持刀随身体旋转平扫。

（2）上动不停，起身左转；右手持刀沿左肩贴背缠头；左掌屈肘于胸前。随即右脚蹬地起跳做旋风脚转体360°，左脚落地，右腿提膝；同时，右手持刀向左平抡藏于左腋下；左掌架于头上方；目视右前方。

动作要点：扫腿与扫刀同时完成，上下协调一致。

扫转002

传统术语：秋风扫地。

现代术语：前扫腿扫刀。

源流：国际竞赛套路（第三套）第二段第二十七式。

技法：扫。

动作过程： 身体右转，左脚向后撤步，重心移至左腿屈膝全蹲，右腿平铺，脚尖内扣向左扫转360° ；同时，右手持刀随身体旋转平扫至左臂上方，刀尖向后；左掌附于右臂内侧；目视右前方。

动作要点： 扫腿与扫刀同时完成，上下协调一致。

4 平衡

屈蹲

屈蹲001

传统术语：铁拐捅炉。

现代术语：扣腿扎刀。

源流：国际竞赛套路（第三套）第一段第三式。

技法：扎。

动作过程： 右手持刀，左脚向前上步同时撩左掌。随即右脚向左斜前方上步屈膝半蹲，左脚扣于右膝腘窝处；同时，右手持刀经腰间向右前方扎刀；左手伸摆至左上方；目视刀尖方向。

动作要点： 扎刀迅猛有力，力达刀尖。

5 跳跃

5.1 直体

直体001

传统术语：蹿天猴。

现代术语：抱刀腾空二起脚。

源流：国际竞赛套路（第三套）第一段第十二式。

技法：抱、踢。

动作过程：左手抱刀于左腰间；左脚、右脚、左脚、右脚依次向前上步，右脚蹬地向上跃起腾空，左腿屈膝上提，右腿直摆上踢过肩；同时，右臂摆至头前上方，右掌拍击右脚面，右脚、左脚依次落地；目视前方。

动作要点：空中击拍脚面响亮迅速。

直体002
传统术语：车轮翻。
现代术语：侧空翻。
源流：查拳体系。
技法：抱、摆。

动作过程：（1）左脚、右脚、左脚依次向前上步；同时，双臂随身体摆动；目视前下方。

（2）上动不停，重心前移至左腿，左脚蹬地起跳，身体前屈，随即右腿、左腿依次离地从后向上立圆摆起，在空中向左做侧翻动作；同时，左手持刀收于腰间；右手摆动至身体右侧；目视下方。

动作要点：空中双腿摆动快速，膝关节伸直，翻转要快，腾空轻灵飘逸。

直体003

传统术语：迎榷刺雕。

现代术语：腾空跳提膝扎刀。

源流：国际竞赛套路（第三套）第一段第十式。

技法：扎。

动作过程：双脚蹬地腾空跳起，右腿空中伸直悬垂，左腿屈膝上提收至腹前，脚尖内扣，脚面绷直；同时，右手持刀向右前方平扎刀；左掌至头顶上方架掌；目视前方。

动作要点：腾空提膝、扎刀与上架同时完成；力达刀尖。

5.2 垂转

垂转001

传统术语：拨云见日。

现代术语：腾空外摆藏刀。

源流：少林竞赛套路（刀术）第三段第四十四式。

技法：缠、扫、藏、摆。

动作过程：（1）右手持刀贴背缠头后打开；同时，左掌收至右胸前，随即向左平伸。右手持刀向左平扫至左肋处，刀刃向外；左臂上摆亮掌，掌心向上。

（2）上动不停，右脚蹬地腾空右转180°，左腿随转体上抬，右腿向上外摆腿至肩上方，左手击拍右脚面。

动作要点：缠头刀和腾空外摆腿连贯协调；击拍响亮。

垂转002

传统术语：转轮藏锋。

现代术语：缠头旋风脚马步藏刀。

源流：国际竞赛套路（第一套）第一段第十式、第十一式。

技法：缠、扫、藏、挂 。

动作过程：（1）右脚向左前方上步；右手持刀经左臂外侧缠头。随即身体左转，左脚向右后方撤步；右手持刀经左臂外侧缠头。

（2）上动不停，身体左转，右脚向左上步蹬地起跳，做腾空左转旋风脚360° ；右手持刀，向左肋处扫刀。

（3）双脚同时落地成马步；右手持刀藏于左腋下，刀尖斜向左后上方；左手头上方亮掌；目视右前方。

动作要点：藏刀、亮掌、马步要同时完成。

垂转003

传统术语：鹰击鹘望。

现代术语：腾空跳左右扎刀。

源流：国际竞赛套路（第一套）第二段第二十四式。

技法：扎。

动作过程：（1）右脚、左脚依次向前上步，左脚蹬地起跳，右腿空中向前上方摆起，左腿屈膝上提；右手持刀经腰间向右上方扎出；左掌向左推出。

（2）上动不停，上体在空中左转；右手持刀回身经腰间向左扎出；同时，左手屈肘立掌收至右臂内侧；目视左前方。

动作要点：腾空上体保持正直；左右扎刀力达刀尖。

垂转004

传统术语：飞燕展头。

现代术语：转身跳扫刀。

源流：少林拳体系。

技法：扫。

动作过程： 右脚向前上步蹬地起跳，左脚向前上方直摆。随即在空中向右转体，上体前俯；右腿屈膝提起；同时，右手持刀向右扫刀；左掌向左后伸出；目视前方。

动作要点： 上步蹬地连贯快速，空中动作舒展大方；扫刀力达刀刃。

5.3 矢转

矢转001

传统术语：雄鹰寻食。

现代术语：旋子扫刀。

源流：国际竞赛套路（第一套）第三段第三十七式。

技法：扫、摆。

动作过程：（1）左右脚依次向前上步，身体微左转，随即左脚向前上步；同时，右手持刀经体前上提至左肩外侧；左掌收于胸前。

（2）上动不停，身体继续左转180°；左脚尖向外踝转，右脚经左脚向前上步，脚尖内扣；同时，右手持刀随转身缠头至右肩后侧。

（3）上动不停，重心下降，右脚向后垫步跳，身体左转180°，左脚向后退一步。随即上体前俯向左后转体，左脚蹬地腾空起跳，右左腿依次向后上方摆起；同时，右手持刀在身体下方向左平扫一周；左掌摆向身体左侧；目视前下方。

动作要点：空中抬头挺胸，动作舒展，双腿膝关节伸直；扫刀迅猛有力。

6 刀法

6.1 背花刀

背花刀001
传统术语：左右风轮。
现代术语：转身背花扎刀。
源流：国际竞赛套路（第三套）第一段第八式。
技法：剪腕花、扎。

动作过程：（1）身体右转，重心右移，右脚尖向右蹍转；同时，右手持刀在右后方做背花刀；左掌顺势收于右胸前；目视右下方。
（2）上体左转拧腰，左脚撤步；同时右手持刀收于腰间；左手附于右腕内侧；目视刀身。
（3）上动不停，身体左转360°，随即右脚扣在左膝腘窝处；同时，右手持刀在右上方做剪腕花，左掌由上向下、向左水平伸出；目视刀尖。
（4）身体继续左转，重心下沉，右脚向右落步；同时，右手持刀经腰间向左前方平扎刀；左掌向左斜后方水平伸出；目视刀尖方向。

动作要点：剪腕花时以腰带臂，以臂带刀，以腕为轴。

背花刀002

传统名称：风卷残云。

现代名称：背花跳步扫刀。

源流：少林拳体系。

技法：撩、扫。

动作过程：右手持刀，上体右转，在右背后立圆绕行做背花一周。身体左转，刀随转体在左侧外做撩腕花，随即刀置于左腰间，左脚蹬地，身体在空中右转，刀随转体向右平扫，刀刃向外。

动作要点：以腕为轴，刀在身前、背后贴身立圆绕环；力达刀身；刀刃向右平扫，力达刀刃。

6.2 缠头

缠头001
传统术语：飞蛾扑火。
现代术语：转身缠头刀。
源流：国际竞赛套路（第三套）第二段第十七式。
技法：缠。

动作过程：（1）左脚向左开步，随即身体左转360°，右脚经左腿前向左侧上步，左脚向后撤步；同时，右手持刀连续2次缠头，平摆至右后方；左掌伸向左后方；目视刀尖。

（2）身体继续左转，右脚倒插步；同时，右手持刀经胸前横扫至身体左侧；左掌收于右腕内侧；目视左后方。

动作要点：上步、撤步、插步连贯紧凑；缠头刀左右手配合协调。

6.3 挂刀

挂刀001

传统术语：力劈华山。

现代术语：转身抡劈刀。

源流：六合刀第二段第三十一式。

技法：劈、挂。

动作过程：（1）左脚上步，身体向右转180°，右腿微前弓；右手持刀在身体左侧反手向前上提撩，再向右下方劈刀；同时，左手摆于身体左后方。

（2）上动不停，左腿提膝于胸前；右手持刀上举于右肩上方，扣腕，向左小腿前挂刀，刀刃向下，刀尖向上；左臂屈肘，左手附于右臂上；目视左方。

动作要点：转身上步灵活；挂刀力达刀背前段；劈刀力达刀刃。

挂刀002

传统术语：野马撩蹄。

现代术语：挂刀。

源流：国际竞赛套路（第一套）第二段第十六式。

技法：挂、撩。

动作过程：上体向左后侧拧转，左腿屈膝提起向前上步，脚尖外摆；右手持刀由下向上经左腿外侧挂刀，刀尖向左；左手附于右腕上；目视左下方。

动作要点：挂刀时刀尖由前向下屈肘扣腕，向后贴身挂出。

挂刀003

传统术语：老牛撩蹄。

现代术语：转身挂撩刀。

源流：国际竞赛套路（第三套）第三段第三十三式。

技法：挂、撩。

动作过程：（1）右脚上步，身体向左后方拧转180°，左脚抬起向后撤步；同时，右手持刀经头上方向下挂刀；左掌顺势打开后收于右肩内侧；目视刀身。

（2）右脚向前上步成右弓步；同时，右手持刀立圆绕行至身体后侧；左掌顺势向前伸出。上体左转，右手持刀经右腿外侧向右上方撩刀；左掌向后方伸出；目视前方。

动作要点：挂撩刀动作连贯协调、衔接流畅；挂刀力达刀背前段；撩刀力达刀刃前段。

挂刀004

传统名称：顺风驶船。

现代名称：踢腿上挂。

源流：六合刀第五段第五十二式。

技法：挂刀。

动作过程：（1）左脚向前上步，右腿向上踢起；右手持刀由下向上挂刀；左手置于右肩内侧；目视踢腿方向。

（2）右脚向身后落地，身体向右转180°；右手持刀由上向后扎出；左手随转体向左后上方平伸；目视刀尖。

动作要点：转身踢腿要协调一致，挂刀贴身立圆。

6.4 裹脑

裹脑001

传统术语：织女投梭。

现代术语：裹脑平抹刀。

源流：国际竞赛套路（第一套）第三段第四十式。

技法：裹、抹。

动作过程： 右脚向后撤步；右手持刀经背部裹脑后向右平抹，刀刃向右，刀尖向前；左手屈肘收于胸前。

动作要点： 裹脑要贴背绕行；向右平抹要匀速。

6.5 劈刀

劈刀001

传统术语：回头望月。

现代术语：插步劈刀。

源流：少林竞赛套路（刀术）第二段第二十三式。

技法：劈。

动作过程： 身体右转90°；左脚向右后插步；同时，右手持刀向右立刀劈出，刀尖向上，刀刃向右；左掌向左、向上摆架于头前上方亮掌；目视刀身。

动作要点： 刀法、手法、步法协调一致；劈刀迅猛有力，力达刀刃。

劈刀002

传统术语：毒龙入洞。

现代术语：裹脑抡劈刀。

源流：六合刀第二段第三十一式。

技法：裹、劈。

动作过程：（1）右脚向右上步；同时，右手持刀平放在左臂下方；左手附于右手腕内侧。

（2）左脚、右脚依次向前上步，身体右转360° ；同时，右手持刀向右裹脑至左肩外侧，左掌附于右胸前；目视刀身。

（3）上动不停，右腿屈膝提起收于腹前，上体前俯；同时，右手持刀随转身向右下方抡劈；左掌向左上方伸出；目视刀尖。

动作要点：转身裹脑贴背缠绕；劈刀呈立圆，松肩伸臂，力达刀刃。

劈刀003

传统名称：右炮刀。

现代名称：架劈刀。

源流：五行刀第四段第十四式。

技法：架、劈。

动作过程：（1）身体向右微转，左脚微收成高虚步；双手握刀向上拉举至右肩上方，使刀斜托举于身前，刀刃向上，刀尖斜下。

（2）右脚向前上步成半马步；同时，双手握刀，右臂外旋使刀由面前向左、向上、向右下方斜劈。

动作要点：转身快捷；劈刀迅猛，力达刀刃。

劈刀004

传统名称：兔起鹘落。

现代名称：跳骑龙步劈刀。

源流：少林拳体系。

技法：劈。

动作过程：（1）左脚蹬地，右腿收膝上提，身体右转，左腿顺势向右后上方屈膝摆腿；同时，右手持刀臂外旋向右上推刀，刀刃向右，刀尖向后；左手置于右肩内侧；目视刀背。

（2）右脚、左脚依次落地成骑龙步；同时，右手持刀向斜下方劈刀，刀尖向右斜上，刀刃向斜下方；左臂随劈刀左摆至左侧斜后方；目视劈刀方向。

动作要点：整个动作要上下协调，干净利落；劈刀力达刀刃。

劈刀005

传统名称：开柙出虎。

现代名称：提膝劈刀。

源流：五行刀。

技法：撩、劈。

动作过程：（1）右脚上步；双手持刀扣腕，沿左臂外侧撩腕花至头上，刀刃向上。

（2）上动不停，右腿支撑，左腿提膝；双手持刀由上向下劈刀，刀刃向下；目视前方。

动作要点：撩刀要以腰为轴，提膝、劈刀动作连贯一致；动作稳固。

6.6 云刀

云刀001
传统术语：驷马仰秣。
现代术语：云刀仰身推刀。
源流：国际竞赛套路（第一套）第三段第三十八式。
技法：云、推。

动作过程：（1）左脚向左开步，右脚向左上步，左脚随即向右撤步；上体左转360°；同时，上体后仰，右手持刀，左手附于刀背，以腕为轴，向左在头前上方云刀一周。
（2）左脚提起，贴于右膝后侧；双手持刀，经身体左侧向左前方推出，刀刃向上；目视刀身。
动作要点：动作衔接要连贯；云刀呈平圆。

云刀002
传统术语：银蛇出洞。
现代术语：云刀跳换步扎刀。
源流：国际竞赛套路（第三套）第二段第三十二式。
技法：云、扎。

动作过程：（1）右脚向右开步，左腿屈膝前弓；同时，右手持刀在头右侧上方云刀，高与肩平；左掌向左上方伸出，掌心斜向上；目视刀尖。

（2）身体左转，左右脚一齐蹬地起跳换步落地成右弓步；同时，右手持刀经腰间向前平扎；左掌收于右肩内侧；目视前方。

动作要点：换跳步与弓步扎刀连贯、快速；扎刀迅猛有力，力达刀尖。

6.7 扎刀

扎刀001

传统术语：悬羊击鼓。

现代术语：云刀跳换步扎刀。

源流：国际竞赛套路（第三套）第二段第二十二式。

技法：云、扎。

动作过程：（1）身体重心移至右腿，左脚向后撤步，双腿交叉，屈膝；同时，右手持刀在头上方云刀后收至右后下方藏刀；左掌经腰后向下、向前撩出；目视左掌。

（2）左脚向前，右脚向后，快速跳换步；同时，右手持刀向前平扎；左掌向左后方水平伸出；目视前方。

动作要点：换跳步与弓步扎刀连贯、快速；扎刀迅猛有力，力达刀尖。

扎刀002

传统术语：分推双舟。

现代术语：分手扎刀。

源流：国际竞赛套路（第一套）第三段第三十五式。

技法：扎。

动作过程：左脚向右脚后侧撤步；右手持刀由上向下沿身体右侧立圆抡劈一周。随即身体向左转动180°；右手持刀经胸前向右上方扎出；左手屈肘向左上方伸出。

动作要点：扎刀力点要准确，快速有力；力达刀尖。

扎刀003
传统术语：腋下穿针。
现代术语：换跳步扎刀。
源流：国际竞赛套路（第一套）第三段第四十一式。
技法：扎。

动作过程： 右脚向右开步成马步；右手持刀从左至右抹刀；左手立于右胸前。双脚蹬地，在空中向左转身180°，落地成右弓步；右手持刀经腹前向前扎出；左手向左摆动后屈肘收至右上臂内侧；目视右前方。

动作要点： 扎刀力点准确，迅猛有力；力达刀尖。

扎刀004
传统名称：斜行横阵。
现代名称：扣腿仰身扎刀。
源流：四门单片刀。
技法：扎。

动作过程： 右脚向前上步，左脚提起扣于右膝腘窝处；同时，右手持刀经腰间向右斜上方扎出；左手摆至身体左后方；目视刀尖方向。
动作要点： 扎刀迅猛有力，臂与刀身呈一直线；力达刀尖。

扎刀005

传统名称：翻身打虎。

现代名称：背花刀转身扎刀。

源流：少林拳体系。

技法：腕花刀、扎。

动作过程：（1）右脚向右开步；右手持刀做背花刀一周。

（2）身体左转，右脚上步扎刀；左手置于身体后侧。身体再左转，左脚上步扎刀；左手置于身体后侧。

（3）上动不停，身体左转180° ，右脚上步；右手持刀经腰间向左前方扎刀；左掌向左后方水平伸出；目视刀尖方向。

动作要点：腕花刀贴身立圆绕环，力达刀身；扎刀力达刀尖。

扎刀006
传统名称：野马穿林。
现代名称：垫步带扎刀。
源流：少林拳体系。
技法：扎。

动作过程：（1）左脚上步，右腿提膝向前跳垫步；同时，右手持刀于身体右侧屈肘回拉；左手置于右腕内侧。
（2）上动不停，右脚向前落步；右手持刀回落于腰间后身体左转向前方扎刀；左掌向后平伸。
动作要点：刀尖向前直刺，快捷有力，力达刀尖。

扎刀007

传统名称：穿壁式。

现代名称：并步扎刀。

源流：五行刀第三段第十式。

技法：扎。

动作过程：（1）双手抱刀立于头顶右侧；双腿微屈。左脚上步，身体左转90°，双腿交叉；同时，右手持刀向右斜前下方压刀，刀刃向左；左掌附于右腕处；目视刀尖方向。

（2）右脚提起向前跟步，双腿屈膝成并步；同时，双手持刀向体前扎刀，手心相对；目视前方。

动作要点：扎刀迅猛有力，刀尖向前直刺，力达刀尖。

6.8 斩刀

斩刀001

传统术语：利刀削竹。

现代术语：腾空提膝斩刀。

源流：国际竞赛套路（第三套）第三段第三十六式。

技法：扫、裹、斩。

动作过程：（1）右脚向右开步，左脚向右前方上步，顺势转身360°；右手持刀拉至左肋旁，刀身放平，刀尖向后，向右平扫；左手屈肘按于右腕上，随后伸直向左分开；目视左前方。

（2）右脚向右前方上步；右手持刀做裹脑刀。

（3）左脚向前上步蹬地起跳，右腿提膝；同时，右手持刀向右后下方截刀，刀刃向后，刀尖斜向下；左手屈肘收至胸前；目视刀尖。

动作要点：截刀时刀、臂呈一直线，力达刀刃。

斩刀002

传统名称：避箭斩将。

现代名称：仰身斩刀。

源流：少林拳体系。

技法：斩。

动作过程：双腿微屈，上体后仰；左手置于右手内侧，右手持刀于头上平云一周，随即从身体右侧向前平斩，左手顺势置于右手臂上。

动作要点：云刀呈平圆；斩刀迅猛有力，力达刀刃。

斩刀003

传统名称：饿虎扑食。

现代名称：斩刀前滚翻。

源流：少林拳体系。

技法：斩。

动作过程： 左脚、右脚依次向前上步；右手持刀裹脑转身360°。左脚再向前上步蹬地做前滚翻；同时，刀由右向左划平圆斩出。

动作要点： 前滚翻灵活轻盈；斩刀力达刀刃。

斩刀004

传统名称：羚羊击鼓。

现代名称：仰身斩刀。

源流：形意六合刀。

技法：云、斩。

动作过程：（1）右脚向前上步，右手持刀，左手紧贴刀背向左在头上方平绕一周，刀刃向左，刀尖向前。

（2）上动不停，右小腿后摆；同时，右手持刀向下经身体左侧再向右绕环一周。

（3）上动不停，右脚向右前方落步，身体后仰；同时，右手持刀向右上方斩刀；左臂向左后方摆出；目视刀尖。

动作要点：动作衔接连贯；云刀呈平圆；斩刀力达刀刃。

6.9 崩格刀

崩格刀001

传统术语：旋风跳。

现代术语：旋转格刀。

源流：国际竞赛套路（第一套）第三段第三十三式。

技法：格。

动作过程：（1）身体向左拧转，左脚向右脚前上步；右手持刀裹脑至身体左前方，刀尖向下，刀刃向外；左手立于右胸前不落；目视前方。

（2）右脚提起扣于左膝腘窝处，左腿伸直向右转体一周落成右弓步；右手持刀向右格刀，刀尖向下；左掌向前推出，掌指向上；目视左掌。

动作要点：旋转时上体保持正直。

崩格刀002

传统术语：夜郎挑灯。

现代术语：撩腕花跳崩刀。

源流：国际竞赛套路（第一套）第四段第四十八式。

技法：撩、崩。

动作过程：（1）左脚向前上步；右手持刀向前点刀；左手摆向肩后。右脚顺势上步；右手持刀撩腕花一周。

（2）右脚蹬地起跳，右腿提膝；右手持刀向上崩刀，刀尖斜向上；左手屈肘收至右上臂内侧；目视刀尖。

动作要点：撩腕花贴身呈立圆；崩刀沉腕，刀尖向前上崩击，力达刀尖。

崩格刀003

传统名称：童子避雨。

现代名称：进步右左格刀。

源流：少林竞赛套路（刀术）第三段第三十五式、第三十六式。

技法：格。

动作过程：（1）身体右转90°，右脚向前上步；同时，右手持刀、左手侧推刀中段，刀刃向右格刀至体前；目视前方。

（2）上动不停，左脚向左前方上步成骑龙步；同时，双手持刀向左前外侧格刀；目视前方。

动作要点：动作转换不可用力僵硬，收放自如；格刀有力，力达刀刃前段。

崩格刀004

传统名称：丹凤朝阳。

现代名称：半马步崩刀。

源流：四门单刀片。

技法：崩。

动作过程： 右脚向右开步成半马步；同时，右手持刀向内塌腕崩刀，刀尖向上，刀刃向右；左臂后拉屈肘扣腕，拳眼向内；目视右前方。

动作要点： 半马步、崩刀同时完成；动作刚劲沉稳。

崩格刀005

传统名称：挥鞭抽身。

现代名称：骑龙步格刀。

源流：少林拳体系。

技法：格。

动作过程： 左脚向左开步成骑龙步；右手持刀向内扣腕，使刀尖向下；左手架掌于身体左上方。

动作要点： 整个动作一气呵成；格刀有力，力达刀背前端。

6.10 点刀

点刀001
传统术语：飞凤点头。
现代术语：剪腕花分手点刀。
源流：国际竞赛套路（第一套）第一段第九式。
技法：剪腕花、点。

动作过程：（1）左脚向后撤步；右手持刀向上挑刀；左手立掌收至右肩内侧；目视刀尖。
（2）重心移至左腿；右手持刀向下经右臂内侧做剪腕花一周。
（3）右脚提起后落地震脚，左脚随即向后退步；右手持刀向前点刀；左手向左后侧伸出。

动作要点：点刀、震脚、分手要同时；点刀要提腕，力达刀尖。

点刀002

传统术语：蜻蜓点水。

现代术语：回身点刀。

源流：国际竞赛套路（第一套）第三段第三十六式。

技法：点。

动作过程： 右脚向前上步，左腿屈膝后摆；右手持刀上举随身体右转向右点刀；左手向右摆至右胸前立掌；目视右前方。

动作要点： 点刀提腕；力达刀前端。

点刀003

传统术语：白马奔川。

现代术语：崩刀前点。

源流：国际竞赛套路（第一套）第四段第五十一式。

技法：崩、点。

动作过程：（1）左脚向后撤步，右脚提起收于左脚内侧成丁字步；右手持刀经右臂外侧立圆绕行一周，刀刃向上；左手屈肘收至右上臂内侧。

（2）右脚向前上步成右弓步；右手持刀向前点刀；左手向后直臂伸出；目视刀尖。

动作要点：弓步、点刀同时完成，收放自如；崩刀、点刀有力。

点刀004

传统名称：抽刀断水。

现代名称：盖步点刀。

源流：四门单片刀。

技法：点。

动作过程： 右脚向右前方上步；右手持刀经体前做剪腕花一周。右脚掌蹍地，身体右转180°，左腿提膝；同时，右手提腕向左侧下方点刀；左掌附于右臂内侧。

动作要点： 提膝、身体左拧、点刀同时完成，力达刀前端。

点刀005

传统名称：立鹤啄食。

现代名称：上步点刀。

源流：少林披身刀第十三式。

技法：点。

动作过程： 右脚上步；同时，右手持刀做剪腕花一周。随即右脚向前跳步，左腿屈膝抬起；右手向前点刀；左手摆至身体左后方。

动作要点： 提腕、点刀，力达刀前端。

点刀006

传统名称：倒海移山。

现代名称：转身点刀。

源流：四门单片刀。

技法：点。

动作过程： 右脚向右上步；右手持刀做剪腕花一周。随即左脚上步，身体右转360°，右脚向右前方落步；右手向前点刀；左手摆至身体左后方。

动作要点： 提腕、点刀，力达刀前端。

点刀007
传统名称：战马点头。
现代名称：后撤步点刀。
源流：四门单片刀。
技法：点。

动作过程：右手持刀于右臂外侧做撩腕花一周。随即右脚提起向后撤跳步，刀由上向前点出。
动作要点：点刀提腕，力达刀前端。

6.11 撩刀

撩刀001

传统术语：回头斩将。

现代术语：弓步反手撩刀。

源流：少林竞赛套路（刀术）第三段第三十一式。

技法：撩。

动作过程： 右脚向右前方上步，顺势身体右转90° 成右弓步；同时，右手持刀随转体经体前向右反撩，刀刃向上，刀尖向前，刀与肩平；左掌置于右胸前；目视刀身。

动作要点： 眼随刀走；反撩刀时，旋臂抖腕；力达刀刃。

撩刀002

传统术语：舞袖扫尘。

现代术语：撩刀回身平扫。

源流：国际竞赛套路（第一套）第一段第八式。

技法：撩、扫。

动作过程：（1）右脚向右开步；右手持刀向后做撩腕花一周；左手下落至身体左侧；目视前上方。

（2）右脚向左后撤步转身180° 成马步；同时，右手持刀随转体向右平扫；左手摆至身体左侧；目视刀身。

动作要点：撩刀手腕松活；扫刀快速有力，力达刀刃。

撩刀003

传统术语：仙女挑帘。

现代术语：回身上撩刀。

源流：厦门宗福寺传统南刀手抄整理第十式。

技法：撩。

动作过程： 左脚向左前方上步，右脚尖点地成后点步；右手持刀由上向下经右腿外侧向左上方撩出；左手附于右前臂上；目视刀身。

动作要点： 动作舒缓，柔中带刚。

撩刀004

传统术语：惊燕穿撩。

现代术语：转身挂撩刀。

源流：国际竞赛套路（第一套）第二段第十六式、第十七式。

技法：挂、撩。

动作过程：（1）左脚向左开步，身体顺势向左拧转180°，重心移至左腿，右脚扣于左膝后侧；同时，右手持刀经头上方向左后下方挂刀；左掌收于右肩内侧；目视刀身。

（2）右脚向前上步，身体继续左转90°；同时，右手持刀向后立圆绕行至身体后侧；左掌向前伸出。随即上体左转；右手握刀向下经右腿外侧向右上方撩刀；左掌向后伸出；目视刀身。

动作要点：挂撩刀动作连贯协调、衔接流畅。

撩刀005

传统名称：宿鸟归巢。

现代名称：撩架刀。

源流：形意六合刀。

技法：撩、架。

动作过程： 左脚向后撤步，右脚尖前点成高虚步。右手持刀，左手钳于刀背前段，经体前由下向上撩架刀，刀刃向上；身体后仰，向右拧转；目视刀尖。

动作要点： 撩刀动作连贯协调、衔接流畅。

撩刀006
传统名称：天竹吐翠。
现代名称：提撩刀。
源流：少林拳体系。
技法：撩。

动作过程：（1）左脚、右脚、左脚依次向前上步；右手持刀，左掌附于右腕处，随上步在同侧各完成一次提撩花。

（2）上动不停，右腿提起；沿身体左侧由下向上推刀，右手持刀提至右耳侧，左掌托刀背前端处，刀背上段贴靠胸部，刀尖向左斜下方，刀刃斜向上；上体后仰。

动作要点：上步、撩刀协调配合。

6.12 抹扫刀

抹扫刀001
传统术语：龙拏甩尾。
现代术语：转身抹刀。
源流：国际竞赛套路（第一套）第三段第四十式。
技法：抹。

动作过程： 右脚向左脚后撤步，身体向右拧转180° ；同时，双手持刀随转体向右平抹，高与肩平；目视前方。
动作要点： 动作圆活，协调一致；力达刀刃。

抹扫刀002

传统名称：抹面刀。

现代名称：仰身抹面刀。

源流：六合刀体系。

技法：抹。

动作过程： 右脚向前上步，身体后仰；右手持刀经面部平云刀一周；左手向下摆至身左侧。随即向右拧身；右手持刀向后截刀；左掌摆至左斜上方；目视刀尖方向。

动作要点： 抹刀要平；动作表现圆活沉稳。

抹扫刀003

传统名称：扭转乾坤。

现代名称：云刀上步扫刀。

源流：少林拳体系。

技法：云、扫。

动作过程：右手持刀随仰头于面前云刀一周；左掌置于右肩内侧。随即右脚向前上步，右腿屈膝，左腿跪地；右臂向右后方扫刀；左掌向左摆出；目视前方。

动作要点：云刀平圆，力达刀背；扫刀力达刀刃。

6.13 推刀

推刀001

传统术语：白虎食鹿。

现代术语：后推刀。

源流：国际竞赛套路（第一套）第二段第二十二式。

技法：推。

动作过程：（1）右脚向右开步；右手持刀、左手贴靠刀背向右弧形带刀，刀刃向上，刀尖向左；目视右前方。

（2）左腿屈膝内扣，左脚脚跟提起；双手持刀随身体向左拧转经胸前向左下方推刀；目视左下方。

动作要点：左手附于刀背推刀，力达刀刃。

推刀002

传统术语：倒卷帘。

现代术语：跪步仰身推刀。

源流：少林拳体系。

技法：推。

动作过程： 右脚向后撤步，右手持刀做立腕花一周。身体顺势向右转身180° 成跪步；同时，左手置于刀背中段，双手压刀于腹前，身体后仰，刀贴身推至头后。

动作要点： 仰身、推刀动作连贯，力达刀刃。

6.14 腕花刀

腕花刀001

传统术语：鲁班架梁。

现代术语：震脚上架刀。

源流：少林竞赛套路（刀术）第一段第十二式。

技法：剪腕花、架。

动作过程：（1）右脚向右开步，身体右转90°，左脚上步落于右脚旁成并步；右手持刀做剪腕花一周，刀立于胸前，刀刃向前，刀尖向左；左手虎口张开夹于刀背上段；目视刀尖。

（2）上动不停，双脚并步震脚屈膝；同时，右手持刀、左手托刀向上推架至头前上方，刀刃向上，刀尖向左；目视前方。

动作要点：腕花刀快速连贯；震脚、推刀迅速有力；力达刀刃。

腕花刀002

传统术语：过关斩将。

现代术语：行步撩腕花。

源流：少林竞赛套路（刀术）第四段第四十八式。

技法：撩、撩腕花。

动作过程：（1）左脚、右脚、左脚依次上步；同时，双手抱刀向上撩刀3次。

（2）上动不停，身体顺势右转90° 成骑龙步；双手抱刀提拉至头顶右侧。

动作要点：行步、撩刀协调一致，动作衔接紧凑。

腕花刀003

传统术语：黑熊翻背。

现代术语：上步撩刀剪腕花。

源流：国际竞赛套路（第一套）第二段第十七式、第十八式。

技法：撩、剪腕花。

动作过程：（1）左脚向左前方上步，右脚顺势上步；右手持刀由右下方向上撩刀；目视刀身。

（2）上体左转，双腿交叉，重心下蹲成歇步；右手持刀经右臂内侧做立腕花一周，屈肘抱刀于胸前，刀刃向上；左手经身体左侧绕行一周，屈肘按于右手上方；目视刀身。

动作要点：撩刀贴身弧形撩出；力达刀刃前部。

6.15 插刀

插刀001

传统名称：金童托印。

现代名称：背后插刀上挑。

源流：六合刀第五段第五十一式。

技法：扎。

动作过程：（1）左脚向前上步，右脚跟步；双手持刀上推，使刀背经左肩贴背后向下扎刀，刀尖向下。

（2）重心前移，成高虚步；右手持刀经右耳侧向胸前下压，左手按刀，刀刃向下，刀尖向前。

动作要点：压刀时，以肩为支撑点；力达刀刃。

6.16 挑刀

挑刀001

传统名称：狸猫转头。

现代名称：转身扎挑。

源流：五行刀第三段第十二式。

技法：扎、挑。

动作过程：（1）右脚上步，身体顺势左转180°；双手持刀贴身向身体左侧斜下方扎出。

（2）左膝上提；双手持刀向上挑刀，停于腹前左小腿内侧；目视前方。

动作要点：扎刀迅猛有力；挑刀快速迅捷，力达刀尖。

6.17 压刀

压刀001

传统名称：饿虎擒羊。

现代名称：转身裹脑压刀。

源流：形意六合刀。

技法：裹、压。

动作过程：（1）左脚向前上步，身体顺势右转180°，右脚提起扣于左膝腘窝处；同时，右手持刀向右平扫后做裹脑刀。

（2）右脚向后落步成右骑龙步；左手按于刀背中段向右下方压刀；目视左前方。

动作要点：转身快速灵活，压刀时刀尖下垂，力达刀刃。